普天之下・盡是好書

普天 出版家族 Popular Press Family

凌雲 A-Plus Creative Company 文創

Be Human by Wisdom

Thick Black Theory is a philosophical treatise written by Li Zongwu, a disgruntled politician and scholar born at the end of Qing dynasty. It was published in China in 1911, the year of the Xinhai revolution, when the Qing dynasty was overthrown.

做人要聰明

做人多一點心眼，做事多一點勝算

做事要精明

靈活處事篇

孟德斯鳩曾說：

「我一直認爲，一個人想要獲得成功，就必須表面上忠厚老實，實際上暗留一點心機。」

確實如此，在這個爾虞我詐的社會裡，當個正直的老實人固然值得稱許，但是一定要多留幾個心眼，千萬不能忽略人性中的狡詐虛僞、言行不一……等黑暗面。做人一定要具備一點心機，做事也必須運用一些必要的手段，才能避開各種陷阱和危機，更能借力使力，開創自己成功的契機。

Thick Black Theory is a philosophical treatise written by Li Zongwu, a disgruntled politician and scholar born at the end of Qing dynasty. It was published in China in 1911, the year of the Xinhai revolution, when the Qing dynasty was overthrown.

金澤南 編著

【出版序】

你一定要讀懂的人性厚黑法則

•金澤南

「奸詐」和「卑鄙」儘管是負面的字眼，但是只要用對地方，就會變成「機智」和「練達」，形成保護自己的積極力量。

國際金融投資家吉姆．羅傑斯曾說：「做人厚道的人，雖然最受歡迎，但也最容易被欺騙。做事厚黑的人，雖然最受厭惡，但卻最不容易吃虧。」

確實，想在這個爾虞我詐的現實社會中立足生存，千萬不要讓自己的善良厚道淪爲別人的可以趁機利用的弱項，必須具備「像君子一樣做人，像小人一樣做事」的心機，否則將成爲所有詐騙者眼中覬覦的肥羊。

想要成功，做人必須學習君子的謙恭溫和，做事則必須學習小人的靈活圓滑，千萬別讓你的善良淪爲你的致命傷。

許多人在人生旅程中被騙被害，並不是他們能力不足，或是運氣不濟，而是他們的想法太過於善良、迂腐，讓教條、規則束縛自己，不知變通、一味相信別人的結果，自然是一再被坑騙，一再遭遇失敗。

想要活得自在，或是達成某些目的，有時候必須懂得運用一些「卑鄙」的手段；只要不犯法，有點「卑鄙」又有什麼關係？

做人要聰明，做事要精明

幽默作家理奧．羅斯汀曾經寫過一則耐人尋味的故事。

小時候，有一天他的父親閒來無事，做了一個謎題讓他猜：「有一種東西吊在牆上，顏色是綠色，濕濕的，會吹口哨，你猜是什麼！」

理奧．羅斯汀猜了很久都猜不出來，最後只好投降認輸，請他的父親快點說出謎題的答案。

他的父親笑著說：「答案是鯡魚！」

理奧．羅斯汀聽了這個離譜的答案差點暈倒，直認爲父親窮極無聊尋他開心，生氣地說：「鯡魚不會吊在牆上！」

父親笑著說：「你不會把牠吊上去嗎？」

「好吧！可是，鯡魚不是綠色的！」

「沒錯，不過，你可以把牠漆成綠色的！」

「鯡魚吊在牆上，怎麼會濕濕的？」

「剛剛塗上油漆，當然濕濕的。」

聽了這些幾近強詞奪理的回答，理奧．羅斯汀差點瘋了，更生氣地質問說：「鯡魚才不會吹口哨！」

他的父親笑得不可開交，回答說：「鯡魚當然不會吹口哨，這一句是因爲要避免被你亂猜猜到，才故意加上去的！」

看完這個故事，或許你莞爾一笑之餘，會單純地把它當作是一個父親的惡作劇，但是仔細想想，我們身處的這個現實而又複雜，到處都是謊言、詐騙與針孔攝影機的社會，不就充斥著這類光怪陸離的謎題，和令人目眩神迷、坑人害人的陷阱嗎？

人性本來就很詐！許多人爲了避免自己卑劣的私慾被人洞穿，總是裝出一副道貌岸然的僞善臉孔，想出許多冠冕堂皇的藉口，將自己的齷齪卑劣行爲神聖化、合理化，或者用聲東擊西、迂迴側擊的手法掩飾見不得人的目的。

人只要活著，就會被環境影響，被慾望操縱，外界的環境一改變，價值觀念和適應能力也會隨著改變。在變動不羈的人生旅程中，我們無法預知什麼時候會被出賣，什麼時候會掉入陷阱，唯一能做的只是讓自己精明一點、「奸詐」一點，避開各式各樣準備坑殺我們的陷阱和危險，儘快尋找到成功的契機，讓自己成爲別人不敢侵犯的強者。

任何事情都有正反兩面的效應，既可以幫助你，也可以傷害你。這就像一把刀，如果你抓的是刀刃，最好的事情也會傷害你；如果你抓的是刀柄，那麼最有害的事情也會保護你。

所謂的「奸詐」和「卑鄙」也是如此，儘管是負面的字眼，但是只要用對地方，就會變成「機智」和「練達」，就能形成保護自己的積極力量，輕鬆戰勝身邊那些惹人厭煩的小人。

關鍵就在於，你願不願意放棄世俗的迂腐想法，把自己訓練得像兔子一樣敏捷，像狐狸一樣狡猾，像老虎一樣沉穩而又凶悍……

人生是得意與失意的循環，但不論得意或失意，人都要保留一點心機，「害人之心不可有，防人之心不可無」。不懂「做人厚道，做事厚黑」的道理，往往會付出慘痛代價。

出版序 你一定要讀懂的人性厚黑法則 •金澤南

01. 軟硬兼施才能達成目的

一個人若想達到目的，就必須用軟硬兼施的手法，千萬不可半途而廢，也不要覺得不好意思，凡事只要放下身段，毫不客氣地貫徹始終，最後通常都能成功。

02.

面對挑釁，何必太認真？

若是你不希望讓周遭的小人煩擾生活，不希望被無謂的事情擾亂心情，就讓看事情的視野多一些角度吧。

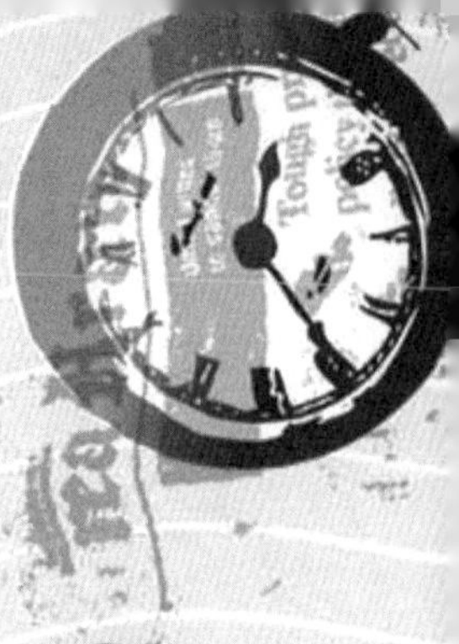

03. 針對敵人的弱點進行心理戰

面對蠻橫無理而又無知的人，無法跟他們講道理的時候，就要針對他們的弱點進行心理戰。

04. 你也可以光明正大說謊話

「弄假成真」的手段並不高明，也不夠高尚，但是，這在爾虞我詐的社會中，在政治的競技場上，能夠正大光明的又有幾個？

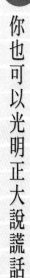

05.

提防別人對你進行「道德謀殺」

拿破崙曾說：「暗殺一個人有許多種不同方式，用手槍、刀劍、毒藥，或是道德上的暗殺。這些方式的結果是相同的，只是最後一種更為殘酷。」

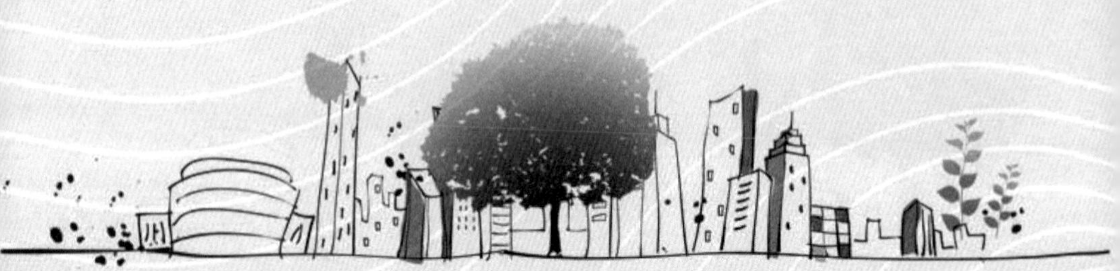

06. 提升應變能力，才能逢凶化吉

現實生活裡，任何事都可能發生，許多人習慣以硬碰硬，或以強制的手法來解決事情，其實，這種方法只會讓事情變得更加棘手而已。

07.

口是心非，有什麼不對？

人生本來就充滿了矛盾與不可預知，況且每個人都有自私的劣根性，也會面臨一些自己無能為力的境遇，表裡不一自然在所難免！

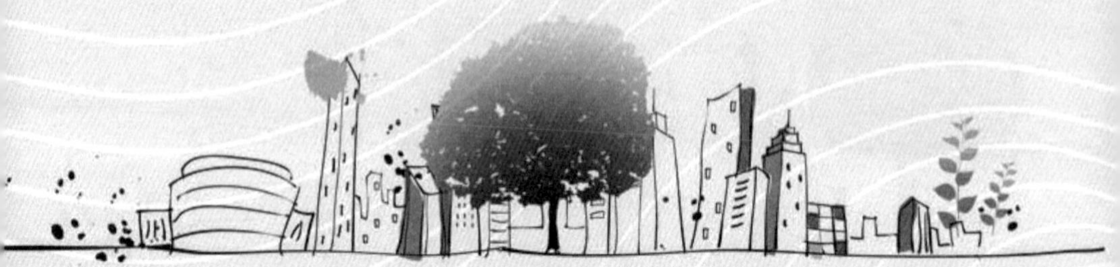

08. 如何擺脫小人的糾纏？

日常生活中，每個人或多或少都有不能避免的人情壓力和煩人瑣事，為了擺脫糾纏，不動動腦袋想計謀是不行的。

09.

用另類的方式改變對方的態度

溝通，並不是一味強迫對方接受自己的想法，也不是一味屈躬卑膝試圖改變對方自以為是的態度，而是以恰當的方式找出彼此的折衷點。

10. 即使虛情假意，也要做得徹底

凡事只要看開了，做事的態度自然會變得從容而冷靜，膽量會變大，臉皮會變厚，搞不好虛情假意的事情也做得出來。

11. 面對誠實的人，就用誠實的方法

人與人之間的相處，可以是君子之爭，不必奉承阿諛，更不必費心猜疑，才不會有相互拉扯的兩敗俱傷。

1.

軟硬兼施
才能達成目的

一個人若想達到目的，就必須用軟硬兼施的手法，千萬不可半途而廢，也不要覺得不好意思，凡事只要放下身段，毫不客氣地貫徹始終，最後通常都能成功。

用機智把危機化轉機

碰到事情時，許多人都只會退縮或哭泣，只是再多的眼淚也沖不走麻煩，何不在遇上的當下，立刻沉著應變，將事情解決呢？

無論多麼不願意，生活處處都有小人和壞人，都會有我們意想不到的危機，以及麻煩的事情發生。

面對這種情況，唯有隨機應變，不管遇到任何突發狀況時都能臨危不亂，你才能化險爲夷，讓每一個危機都能轉化成轉機。

做人要聰明，做事要精明

有一天深夜，卓別林帶了一大筆現金，正開著車要趕回鄉村別墅的途中，沒想到竟然遇到了一個強盜。

他持著手槍，要求卓別林把錢全部交出來，卓別林這時一邊準備遞錢，一邊說道：「朋友，請你幫個忙吧，把我的帽子打穿幾個洞，這樣我回去之後才能向主人交代呀！」

這強盜便朝卓別林的帽子打了幾槍，卓別林又對他說：「還有我的衣襟上，也來幾槍吧！」

強盜拉起卓別林的衣襟，再開了幾槍。最後，卓別林又央求強盜說：「如果你能在我的褲子上也打幾槍，那就更逼眞了。」

強盜不耐煩了，嘴裡生氣地咒罵了起來，但還是把槍對準了卓別林的褲子，可是，他扣了好幾次扳機，卻連一發子彈都射不出來。

這時，卓別林知道槍裡已經沒有子彈了，於是立刻把錢包搶了過來，跳上車趕快逃跑，而這個笨強盜這才知道自己上當了。

強盜的目的只是爲了錢，而卓別林之所以乖乖把錢交給強盜，則是害怕強盜會開槍射殺他。

但是，聰明的卓別林隨即想到，如果能把強盜手槍裡的子彈全耗盡的話，他就不用再擔心了，因而想出了這招誘導強盜用光子彈的妙計，安全逃脫。

機智，是這篇小故事所要表現的重點，碰到事情時，許多人都只會退縮或哭泣，只是再多的眼淚也沖不走麻煩，退了再多步，最後你仍得前進面對，所以，何不在遇上的當下，立刻沉著應變，將事情解決呢？

不情願做的事，就設法敷衍了事

不小心答應了自己極不情願去做的事，與其懊惱後悔，不如用「概念轉換」的方式敷衍了事。

古羅馬政治家馬基維利在《君王論》中說：「最能顯示出一個人智慧的是，能在各種危險之間做出權衡，並選擇最小的危險。」

只有妥善運用機智應付週遭危機的人，才能持盈保泰，守住成功的果實。你可以不齒秦檜的爲人，但是，一定要學會他的機智和深謀遠慮。

南宋高宗的時候，奸相秦檜把持朝政，凡是從各地進貢到京城的奇珍異寶和稀罕物品，都要先送到秦府讓秦檜挑揀一番，然後才將剩下的送入皇宮。這件事，宋高宗一直被蒙在鼓裡，朝中知情的大臣不是秦檜的同黨，就是畏懼秦檜的權勢，誰也不敢直言。

有一天，秦檜的老婆王氏到宮中拜見了宋高宗的母親顯仁太后。顯仁太后對王氏抱怨說：「這些日子很少吃到新鮮的青魚，眞想吃點青魚。」

王氏心想，這正是拍太后馬屁的大好機會，連忙說：「太后您想吃青魚，那還不簡單，我家裡有的是青魚，明天就差人給您送一百條來。」

顯仁太后聽了大吃一驚，心想皇宮裡沒有的東西，秦檜家裡怎可能有，連忙問道：「妳家裡眞的有一百條青魚？」

王氏驕傲地回答說：「當然有，明天一定給您送一百條來。」

回到秦府之後，王氏得意洋洋地把這件事告訴秦檜。

秦檜聽了非但沒有露出高興的表情，反而生氣地責怪王氏只知拍馬屁，說話一點都不經大腦。

他對王氏說：「妳想想看，皇宮裡沒有的東西，我們家裡竟然有，這件事要是讓皇上知道了，一怪罪下來，不被殺頭才怪！」

王氏一聽不勝惶恐，緊張兮兮地問秦檜該如何是好。秦檜不愧是欺上瞞下的狡詐之徒，想了一會兒，便交代王氏說：「妳已經答應要進獻一百條青魚，如果食言的話，會惹太后生氣，但是如果獻上新鮮的青魚又會惹出禍端，不如就送她一百條爛魚吧！」

次日，王氏依照秦檜的交代，派人送了一百條快不能吃的青魚到宮裡。顯仁太后見到後，拍手笑著說：「哼，我以爲是什麼好魚呢？王氏這婆娘眞是沒見過世面的土包子，連這種爛魚也敢拿來獻寶！」

你必須具備的應對智慧

就像秦檜所說的，王氏已經答應要送顯仁太后一百條魚，如果食言就會惹太后生氣，一旦獻上好魚又會招來殺身之禍。秦檜最後向顯仁太后進獻了一百條爛魚，實際上是用「概念轉換」的辦法來保護自己。

秦檜雖然是一代奸相，因爲誣陷岳飛而留下萬世罵名，但是，他能在南宋初年權傾天下，一手遮天，並非僅僅靠著迎逢拍馬的諂媚功夫，更重要的是，他能看清自己潛在的危機。

世事多變化，沒人敢預料下一分鐘會發生什麼事，假如你平步青雲、春風得意的時候不懂得謹言愼行，不知道居安思危，那麼，你眼前的成功可能只是一場午夜春夢，轉瞬間就變成夢幻泡影。

假使你心直口快，或者經不起別人糾纏，不小心答應了自己極不情願去做的事，又不想當一個輕諾寡信的人，與其將時間浪費在懊惱後悔上，不如學學秦檜，用「概念轉換」的方式敷衍了事。

陽奉陰違，也是一種智慧

丁寶楨的做法是典型的陽奉陰違，但是他運用在該用的地方，因此，後人反而稱讚他聰明機智、膽識過人。

有些個性軟弱的人常說：「我天生就是這樣的人，改也改不了。」這種說法乍聽之下似乎言之有理，但是仔細一想，這卻是將責任推卸給上天和父母的錯誤想法。

殊不知，懦弱的性格是由於後天懦弱的思考模式造成的，就像懶惰是由於後天懶惰的習慣形成的一樣，根本不是天生的。

如果你再也受不了自己的軟弱性格和表現出來的窩囊模樣，那麼，就必須改變自己的慣性思考，增強應變能力。

清朝同治初年，慈禧、慈安兩宮垂簾聽政，彼此明爭暗鬥。慈禧太后爲了獨攬大權，有一回囑咐心腹宦官安得海出京城去結納封疆外臣，準備裡應外合，撂倒慈安太后。

慈禧太后交代安得海悄悄出去，暗暗回來，千萬不要聲張，以免打草驚蛇。豈知，安得海這傢伙自恃是慈禧太后的心腹，平日驕縱蠻橫慣了，出京沒幾天就原形畢露，大肆張揚，並且要求地方官吏沿途接駕、送賄，所到之處，鬧得雞犬不寧。

安得海到達山東德州境內後，德州知府聞訊，立即前去接駕，必恭必敬地送上二百兩銀子，誰知安得海竟然嫌太少，限他無論如何必須在三天之內籌足五千兩銀子。

德州知府一時籌不出這麼多銀子，便連夜趕赴濟南，向他的上司山東巡撫丁寶楨哭訴。丁寶楨爲官清廉，而且頗有膽識，便問德州知府有沒有見到聖旨，知府答說沒看到。

丁寶楨當下說：「沒聖旨，這事好辦！」隨即命令德州知府立刻回去將安得海一行人捉來。

德州知府一聽，嚇了一跳：「大人，這不是太歲頭上動土嗎？」

丁寶楨呵呵大笑說：「一切由我承擔。」

德州知府只得遵從命令，前去逮捕安得海一行人。

原來，清朝律例有個嚴厲的規定：「內監不許私離京城四十里，違者由地方官府就地正法。」

丁寶楨抓住了這個把柄，準備斬殺這個不可一世的大宦官。他想，安得海身上雖然沒有聖旨，但一定得了西太后的暗許；安得海是西太后的人，自己何不向東宮請旨發落！

主意打定之後，丁寶楨立刻派親信飛馬入京送奏章。慈安太后隨即降下懿旨，令丁寶楨將安得海就地斬首。豈知，就在行刑之時，慈禧太后也派人緊急送來懿旨，準備營救安得海。

丁寶楨見狀，大聲吩咐屬下：「前門接旨，後門斬首！」

慈禧太后在懿旨中命令丁寶楨火速將安得海押解回京，不過，正當懿旨宣讀的時候，安得海早已身首分家了。

你必須具備的應對智慧

當事情陷入膠著狀態，你能不能運用聰明才智在泥沼中找到出路，讓不利的局面朝自己希望的方向發展？

在人生的各項競爭中，是否具備這樣的智慧，往往是決定勝負的關鍵。想要成功，平時就必須多多揣摩如何將心機運用在正確的時機。

丁寶楨的做法是典型的陽奉陰違，但是他運用在該用的地方，因此，後人反而稱讚他聰明機智、膽識過人，連慈禧太后的心腹都敢殺。

如果你是故事中丁寶楨，接到慈禧太后的懿旨，敢不敢陽奉陰違地「前門接旨，後門斬首」呢？

如果你們心自問以後，認爲自己沒這個膽量，說明你的性格必須再加以強化，否則將無法面對人生旅途中的種種艱難。

其實，性格是由於長期思考或是習慣形成，不是一成不變的，換言之，性格就是自己心理意識的反射。

若是你能改變習慣性的思考模式，性格自然就會隨之改變，自然就能在積極思考中建立起肯定的、建設性的習慣，在性格中也會培養出肯定、建設性的力量，這是毋庸置疑的！

軟硬兼施才能達成目的

一個人若想達到目的，就必須用軟硬兼施的手法，千萬不可半途而廢，也不要覺得不好意思，凡事只要放下身段，毫不客氣地貫徹始終，最後通常都能成功。

人想要名揚於世，就必須具備三項最基本的條件：一、不怕難爲情，二、落落大方，三、有始有終。

日本商界名人鳥井信治就是其中的典範。

鳥井信治由一個小雜貨店的工友搖身變爲大公司的老闆，主要就是因爲他具備了上述的三項條件，行事作風和別人完全不同的緣故。

他的公司因爲出產知名的「紅玉葡萄酒」賺了不少錢。但是，剛開始創業的時候，鳥井信治並沒有充裕的經費宣傳自己的產品，於是想出一個辦法——每當他聽

到消防車的警笛聲時，就立刻派出一些身穿印有「紅玉葡萄酒」標誌的夥計，手裡拿著印有相同標誌的小燈籠，趕到火災現場。

他們的行動比消防隊更迅速，使得火場四周處處可以見到「紅玉葡萄酒」的小燈籠，鳥井信治藉著這種方式達到宣傳目的，很快的，「紅玉葡萄酒」就打響了名號。

做人做事有時候必須懂得軟硬兼施，如此才可能突破困局，在不可能成功的地方或時機，獲得輝煌的戰績。

如果你還有疑慮，不妨看看司馬相如怎麼死皮賴臉軟硬兼施。

做人要聰明，做事要精明

西漢著名的文學家司馬相如是一位風流才子，與卓文君之間的愛情故事，更是千古流傳。

司馬相如是四川成都人，有一次，朋友帶他到臨邛的財主卓王孫家中作客，恰巧遇見卓王孫守寡的女兒卓文君，兩個人一見鍾情，當場迸出愛的火花。

事後，卓文君不顧父親反對，漏夜與司馬相如私奔到成都，卓王孫知道後，氣得暴跳如雷。

司馬相如和卓文君兩人到了成都之後，日子過得很窘迫，不得不回到臨邛，硬著頭皮請求卓王孫撥款接濟。

守寡的女兒與人私奔，使得卓王孫顏面無光，氣憤難消，哪裡肯給錢給他們夫婦？司馬相如夫婦經過一番商量，便針對卓王孫愛面子的弱點，想出了一個借錢的「苦肉計」。

他們兩人把身邊的車、馬、琴、劍和首飾變賣，然後故意在距卓府不遠的地方租屋，開了一家小酒舖，擺明了要讓卓王孫在衆人面前丟人現眼，硬逼他拿錢出來接濟。

果然，酒舖才剛開張，就吸引不少人前來親睹這兩個遠近聞名的才子佳人。只見司馬相如穿著夥計衣服擦桌椅、端酒菜，卓文君也身穿粗布衣裙，忙裡忙外地招呼客人。

很快的，臨邛城裡的人都在議論這件事，不少人對司馬相如夫婦大表同情，譏諷卓王孫吝嗇刻薄。

卓王孫是一個十分講究門面的人，過不了幾天便受不了外面的閒言閒語，只得答應資助女兒和女婿。

卓王孫送給司馬相如和卓文君一百個奴僕、一百萬貫錢。司馬相如和卓文君夫婦得到了這些財物，謝過了卓王孫，隨即關了酒舖回到成都，成了當地知名的富戶。

你必須具備的應對智慧

作家約翰·雷曾經這麼說過：「我的成功座右銘，就是人不可以不要臉，但臉皮一定要夠厚。」

一個人若想達到目的，就必須效法司馬相如和卓文君軟硬兼施的手法，千萬不可半途而廢，也不要覺得不好意思，凡事只要放下身段，毫不客氣地貫徹始終，最後通常都能成功。

或許，你會覺得司馬相如夫婦和鳥井信治的行徑有點卑鄙，但這畢竟是他們面臨困境時處心積慮想出的方法，沒有所謂對與錯。

有些人往往把時間花在自己不應做的瑣碎事情上，對於應該積極去做的事反而光說不練，或者馬馬虎虎應付了事，行事總是本末倒置。這樣的人只是在浪費自己的生命。

光說不練、馬馬虎虎永遠不會成功，下定決心後就必須付諸實行，既然要做就應當做得徹底，別怕丟人現眼。不論什麼事，只要能夠盡全力去做，自信和力量自然能夠隨之產出。

要拍馬屁，就要拍到底

英國劇作家威廉・史迪爾在《旁觀者》一書中說：「人世充滿著虛偽和恭維，以致於人們的言詞，幾乎不能代表他們的想法。」

莎士比亞在《第十二夜》裡，說了一句大家口頭上都不願承認的事實：「人們的耳朵不能存忍忠告，諂媚的話卻容易聽進。」

正因為人有這種弱點，所以要拍別人馬屁就必須拍徹底，要奸詐就要奸詐到底，要卑鄙就卑鄙到底。

如果眞的能做到這種「臉厚如牆」的地步，別人再怎麼批評攻擊，也無法對你造成任何影響。

有一天，閻羅王感慨地對牛頭馬面說：「聽說陽間有許多喜歡拍馬屁的人，整天汲汲營營於名利，專門拍上司和有錢人的馬屁，使得人間是非不分，黑白顛倒。我很想懲治那些馬屁精，現在你們兩個馬上到陽間，去抓一個頂尖的馬屁精回來開刀！」

牛頭馬面領命之後，立刻到陽間捉了一個馬屁大王到閻羅王面前，閻王看了嚇一跳，連忙問道：「喂，你們怎麼把新政府最受歡迎的部長抓來了？是不是抓錯人了？」

「怎麼會呢？我們沒有抓錯人啊！不信的話，等一下你自己審問就知道了。這個人是陽間最有名的馬屁部長，他只懂得拍馬屁，其他事情根本一竅不通，偏偏他就能靠著拍別人馬屁升官發財，而且民調支持率居高不下，眞是讓人生氣……」

「好，我現在馬上審問他，如果他眞的不學無術，專靠拍馬屁升官發財，我就

要讓他嚐嚐上刀山、下油鍋的滋味。」

說完後，閻王準備開始審問，不料無意中放了一個響屁，馬屁部長見機不可失，不慌不忙地走到閻王面前，恭恭敬敬地行了一個大禮，說道：「我在陽間早就聽說閻王天子氣宇軒昂，今天一見，果然不同凡響，就連放出來的屁，也如同多明哥的演唱一樣悅耳動聽，而且還飄散著淡淡的幽香，有如清晨綻開的蓮花……」

閻王當眾放屁，原本有些尷尬，聽了這番話樂不可支地說：「你眞識貨，不愧是新政府最受歡迎的部長，我要好好地和你暢談國是一番！來呀，牛頭，你先把部長帶到貴賓室，晚上我要好好款待他。」

牛頭聽了之後，內心有些不快，小聲地碎碎唸：「哼，不是說要拿他開刀嗎？一被拍馬屁就忘了自己是誰，搞什麼名堂嘛！」

牛頭滿臉不高興地把馬屁部長帶到貴賓室，馬屁部長眼見牛頭表情不悅，暗自覺得情勢不妙，於是立即發揮馬屁功力，趨前對牛頭說：「我發現您的長相十分奇偉，您頭上的兩支角有如新月一般，眼睛就像是天上的明星，發出燦爛的光輝，簡直是一臉富貴相，如果我沒看錯的話，將來閻王天子的寶座，一定會由您繼任！」

「喔！你眞的這樣認爲嗎？」牛頭聽了馬屁部長的話，開心地咧嘴直笑，隨即扯扯他的衣袖說：「現在離晚餐時間還早，不如先到我家裡去喝茶聊天好了，我家有一泡陳年鐵觀音，頂不錯的喔！」

你必須具備的應對智慧

置身這個時時刻刻充滿變數的社會，很多時候臉皮越厚，越會溜鬚拍馬，就越容易早一步冒出頭。

臉皮厚如城牆的人，拍馬屁的功力往往不同凡響，這種行徑儘管讓人不齒，但不可否認的，卻是想在現實社會中左右逢源不得不具備的機詐。

這個見人說人話、見鬼說鬼話的馬屁部長，聽到閻羅王要罰他上刀山、下油鍋，非但沒有立刻跪地求饒，反而見縫插針，趁機大拍閻王的馬屁，又懂得察言觀色，講些動聽的話來取悅牛頭，眞是非比尋常的厲害人物。

馬屁能拍到這種收發自如的程度，臉皮之厚不由得我們不拍案叫絕，能當上部長一點也不奇怪。

英國劇作家威廉．史迪爾在《旁觀者》一書中說：「人世充滿著虛偽和恭維，以致於人們的言詞，幾乎不能代表他們的想法。」

既然如此，你大可不必理會那些八股而又行不通的道德箴言，也不用老是顧慮別人的想法，強迫自己去做不願意做的事情。

記住，別人無法評斷你的價值；任何事情，只要能堅定意志徹底去做，就能產生意想不到的影響，扭轉對你不利的局面！

把危機化為成功的階梯

英國首相邱吉爾說：「當危險來臨時，不要逃避，否則危險只會有增無減；若能毅然面對，危險便可減半。」

《菜根譚》裡有段話說：「都來眼前事，知足者仙境，不知足者凡境。總出世上因，善用者生機，不善用者殺機。」

危機通常也是轉機，能將危機變成轉機就可以成爲大人物。

譬如，日本戰國時代名將織田信長遭到今川義元的駿府大軍攻擊時，還只是一個統轄尾張八郡的小諸侯，別人都認爲外號「尾張大傻瓜」的他這回絕對死定了。沒想到，在關鍵時刻，他居然化危機爲轉機，僅帶了兩千名軍隊發動襲擊，瞬間就擊潰駿府四萬大軍，並且取下了今川義元的首級，一躍而成爲人盡皆知的大英雄。

宋太祖趙匡胤城府深沈，在應付危機方面也頗有一套。

做人要聰明，做事要精明

五代末年藩鎮割據，有兩個將領嫉妒趙匡胤威名日益卓著，想趁著他羽翼未豐，在酒中下毒，將他除掉。但是，這個陰謀卻走漏風聲，有人事先向趙匡胤通風報信。

當這兩個將領佯裝邀請趙匡胤赴宴之時，趙匡胤表現得若無其事，立即與他們同行，沒有露出絲毫破綻。

這兩個將領心中暗暗高興，認爲趙匡胤已經中計。不料，三個人行至途中，趙匡胤卻中邪似的，突然從馬背上跳下來，然後仰起頭朝著天空比手劃腳，而且不時點頭稱是，隨後裝出若有所思的樣子。

過了一會，趙匡胤跳上馬背撥轉馬頭，並朝向二人破口大罵道：「沒想到你們兩個是如此奸詐的小人！」

這兩個將領被趙匡胤的舉動搞得滿頭霧水，便詢問到底是何緣故，趙匡胤生氣地回答說：「哼，幸虧剛才上天告訴我，你們要在酒中下毒毒死我，我才知道你們的爲人。」

這兩個將領做賊心虛，內心驚恐不已，立即躍下馬恭敬肅立，連連說：「豈敢，豈敢！」

從此，他們就打消了加害趙匡胤之心。

你必須具備的應對智慧

謹慎分析自己接收到的各項訊息，究竟是正確的，還是唬人的；迅速研判對自己好的人，究竟是虛情假意的小人，還是值得交往的好人；唯有具備這種能力，才能像趙匡胤一樣冷靜面對危機，繼而運用心機，將危機變成轉機。

英國首相邱吉爾說：「當危險來臨時，不要逃避，否則危險只會有增無減；若能毅然面對，危險便可減半。」

在人生的航程上，處處是暗礁和險灘，時時都有不測的風雲，面對突如其來的危機，首先必須要求自己沈住氣，然後思考應變方法。

消極的脫困方法是不動聲色製造一些煙幕，迷惑對手的思考和判斷能力，然後迅速斷尾逃生。

積極的方法是快速找出對方的弱點，然後以迅雷不及掩耳的姿態，從對方意想不到之處，發動猛烈攻擊。

人生是由許許多多的大小危機連接而成，如果能夠坦然面對，在厄運之中仍然充滿必勝的信念，運用智慧加以扭轉，那麼，這些危機就會變成你不斷向上晉昇的階梯，讓你飛躍到人生的另一個境界。

提防「心靈導師」的騙術

用意志力使自己改頭換面，唯有如此，才能適應現實而複雜的社會生活，堅強地生存下去。

法國作家拉布呂耶爾曾經寫道：「如果一個人在別人眼裡，不顯得過於聰明，他就已經相當狡猾了。」

的確，沒有比貌似正直，實則奸詐的人更為危險了，因為，這些人在你眼裡，雖然看起來忠厚老實，但實際上，暗地裡卻經常幹出一些讓你始料未及的卑鄙奸詐勾當。

人是最擅長弄虛作假的動物，現實生活中，專門坑人騙人的假好人也不在少數。面對花招百出的騙術詐術，你必須放聰明一點，才不會老是做出受騙上當又讓人恥笑的蠢事。

做人要聰明，做事要精明

古時候，金陵城內來了一個賣藥郎中，自稱擁有通天的法術，能夠祈求神明賜降靈藥，治癒疑難雜症。

他用車子載了一尊觀音大士的神像，裝模作樣替人把脈看病以後，便拿出一包藥粉，順著觀音大士的手掌心洩下，奇妙的是，觀音大士的手心總會殘留一些藥粉，他便小心翼翼地把這些藥物刷下，交給病人服用，每天可以賺進不少銀兩。

有一個游手好閒的少年，在一旁連續看了幾天，覺得這是賺錢的好方法，很想學得這項法術，因此有一天等到人潮散去之後，便客客氣氣地邀請這個賣藥郎中到酒店飲酒。

讓賣藥郎中百思不解的是，這個少年喝完酒後根本不付錢，拍拍屁股就大搖大擺地走出酒店，而且酒店的掌櫃、夥計好像都沒有看見他白吃白喝似的，並未出面阻攔。

就這樣一連喝了三次酒，賣藥郎中按捺不住心中的納悶，便好奇地詢問這位少年是不是擁有什麼神奇的法術。

少年搔搔頭，說道：「哎呀，這只是一個小把戲罷了，如果你願意和我相互交流，我自然樂意教你。」

賣藥郎中點點頭，看看四周之後，小聲地說：「其實，我並沒有什麼法術，只不過觀音大士的手掌是用磁石做的，我在藥粉中摻一些鐵屑，藥粉從觀音大士的手心往下溜，不就會黏一些在手心嗎？」

少年聽完恍然大悟，稱讚說：「你的手法眞是妙！」

賣藥郎中不想浪費時間，急忙接著說：「我已經把我的秘訣告訴你了，你趕快教我你的法術吧。」

少年笑著說：「和你比起來，我更沒有什麼法術可言，我只不過是先把酒錢付給掌櫃的，所以每次我大搖大擺走出酒店，他們當然不會過問。」

賣藥郎中聽了，哭笑不得：「那我豈不是上當了！」

這個故事的重點，並不是要告訴你，所謂「隔空抓藥」之類的江湖法術，其實往往都是針對我們的心理和視覺盲點，設計出的弄虛作假的騙術，一經點破就不值錢。

這個故事要告訴讀者的是，我們生存的醜陋社會裡，有太多宣稱自己會隔空抓藥的江湖郎中，而且往往以所謂「心靈導師」的面貌出現，針對你的心理弱點施行騙術。

面對這些道貌岸然的虛偽之人，臉皮必須放厚一點，不要顧慮他們對自己的看法，做事也不用偷偷摸摸，有時大可像故事中那個游手好閒的少年，開些無傷大雅的玩笑，然後挺起胸膛，過著開朗而悠閒的生活！

海倫凱勒曾在日記中寫道：「性格不可能在平靜中安逸形成，只有經歷過磨難和痛苦，靈魂才能變得堅強，眼光才會變得清晰，雄心才能得到激勵，成功才能有望企及。」

開朗的性格，必須靠自己的意志和努力才能產生。

有的人生性內向，而且有神經過敏的傾向，往往爲了一點小事就整天煩惱個不停，想要克服這些缺點，就要加強自己的心理建設，學會讓自己做一個厚臉皮的人，否則很難在社會上生存下去。

用意志力使自己改頭換面，唯有如此，才能適應現實而複雜的社會生活，堅強地生存下去。

矛盾就是最真實的人生

人生原本就是一種矛盾的存在，不要拘泥於自己曾經許下什麼承諾，也不要一味堅持「誠信原則」而束縛自己的發展。

日本明治維新時期的功勳，開明派重臣勝海舟曾經說過一句曠世名言：「**矛盾就是我的人生！**」

能成大功立大業的人通常是與眾不同的，他們只講求用什麼方法達到目的，根本不會顧慮自己的言行是否一致。

他們言行之間往往充滿了極端的矛盾，有時昨天所說的話和今天所做的事完全南轅北轍。

日本戰國英雄織田信長在本能寺遭部下明智光秀襲殺之後，他的次子信雄和三子信孝爲了爭奪繼承權，彼此拉黨結派勾鬥不休。豐臣秀吉私底下想奪取織田信長遺留的霸業，但又怕打草驚蛇，於是編出一大套歪理，獨排衆議地表示，應該立長男信忠的遺腹子吉法師爲繼位者。

豐臣秀吉的主張遭到重臣柴田勝家的強硬抵制，爲了達成自己的既定目標，他便慷慨激昂地對外宣稱：「我這麼做，完全是爲了織田家的將來著想，一切都是爲了要報答信長公提拔我的恩德；爲了織田家的未來，即使是叫我切腹自殺，我也毫無怨尤！」

不久，豐臣秀吉舉兵擊敗了柴田勝家和織田信孝，逼迫他們兩人切腹自殺。織田信雄見狀，不免兔死狐悲，緊急向德川家康求援，並數落豐臣秀吉打算奪取織田家族的政權。

豐臣秀吉知道後，擔心德川家康會與織田信雄結盟，於是使出緩兵之計，假惺惺地前去拜見織田信雄，一把鼻涕一把眼淚對他說道：「我的行動全無任何私心，只是貫徹信長公的遺志而已，如果因爲這樣而遭到你的懷疑，我感到相當難過！」

然而，不久之後，豐臣秀吉用懷柔政策拉攏德川家康，隨即攻佔織田信雄的領地，並將他放逐到秋田，同時將以前信誓旦旦要立吉法師爲繼位者的說法拋諸腦後，篡奪了織田家的霸業。

你必須具備的應對智慧

豐臣秀吉強調爲了織田家的未來，即使切腹自殺，自己也毫無怨尤，但是最後切腹自殺的卻是織田信孝和柴田勝家。他口口聲聲說要「貫徹信長公的遺志」，最後卻流放織田信雄，篡奪了織田家的霸業。

豐臣秀吉的故事，並不是教你口是心非或是動輒毀盟棄約，而是提醒你，在人生的每一個階段，都會有不同的想法和做法，也許你昨天奉爲金科玉律的想法，今早一覺醒來就覺得錯得離譜；以今天之我否定昨天之我，原本就是極爲正常的事，沒有所謂對錯。

人生原本就是一種矛盾的存在，人的價值觀念其實一直在改變，每個人和身處的環境都會隨著時間推移而產生種種變化，所以，對於別人的輕諾寡信、言行不一，不必太過於訝異和氣憤，應該做的是積極強化自己的能力，減少對別人的依賴。

相同的，一個人也不要拘泥於自己曾經許下什麼承諾，也不要一味堅持所謂的「誠信原則」束縛自己的發展。

偶爾出現表裡不一的言行，其實不要太過於自責，因爲人的存在原本就是很矛盾的，應該儘量去做一個堅強而快樂的人才是。

不守信用，又有什麼關係？

英國諷刺作家西蒙．伯特勒曾經說過：「誓言只不過是一番空話，而空話只不過是一陣風。」

古時候，有個食古不化的書呆子名叫尾生，有一天，和朋友相約在某座獨木橋邊見面。

尾生依約定的時間準時到達，友人卻遲遲未到，他便在橋邊苦苦等候。等著等著，橋下的河水突然暴漲，尾生心想「君子寧可抱橋而死，焉能失信而歸」，爲了信守約定，竟然死命抱住獨木橋，最後終於被洪水衝走。

人如果一味拘泥於小信，不知道「誠信」的眞正意義，就會做出類似尾生「抱橋而死」這般不知變通的傻事，只爲了不失信於人，遇到河水暴漲，竟然不知走避，還死抱著獨木橋不放，這樣的信用又有什麼價值呢？

我們不妨看看孔子對「誠信」的見解吧！

做人要聰明，做事要精明

孔子率領弟子周遊列國，從陳國來到蒲地的時候，適值公叔氏發動叛變，孔子一行人的行動立即遭到控制。

孔子爲了及早脫身，便派口才最好的子貢前去交涉，公叔氏對子貢說：「如果你們不去衛國，我就答應放行。」

孔子聽了，滿口承諾不去衛國，並與公叔氏訂立了誓約，於是，公叔氏便把孔子一行人送出東門。

豈料，孔子一走出東門後，馬上帶著弟子逕自往衛國的方向走去。子貢覺得很訝異，連忙問道：「老師，您剛剛不是才與公叔氏訂立誓約，說好不去衛國，難道誓約可以背叛嗎？」

孔子白了子貢一眼，沒好氣地回答說：「關於訂立誓約這類事情，神是不大理會的。」

你必須具備的應對智慧

看完這個故事，你也許會嚇一跳，心裡納悶地想：「不會吧？孔子身爲至聖先師，平常不是教導弟子『人而無信不知其可』嗎？怎麼會做出這種背盟毀約的事情呢？」

如果你有這樣的想法，那就大錯特錯了。

其實，孔子對於尾生的做法一直都嗤之以鼻，在他的思想中，對於「誠信」的觀點，一直都是強調「大信不信」，亦即人應該講究大信，但是不必太拘泥於小信，只有那些愚夫愚婦才會斤斤計較小信。

英國諷刺作家西蒙．伯特勒曾經說過：「誓言只不過是一番空話，而空話只不過是一陣風。」

其實，在現實生活中，我們向別人承諾的事情，總是因爲一時的豪情或憐憫，或者不是基於自由意志，而是在別人百般脅迫、死纏爛打……等等情況下，不得已才答應的。

就是因爲違背自由意志，我們所能實踐的，往往不到諾言的十分之一，因此，才會出現輕諾寡信的狀況。

遇到這種讓自己懊悔不已的承諾，與其做得心不甘、情不願，倒不如學學孔子，想出一番理由自圓其說，爲自己的言行不一解套。

2.

面對挑釁，何必太認真？

若是你不希望讓周遭的小人煩擾生活，
不希望被無謂的事情擾亂心情，
就讓看事情的視野多一些角度吧。

逆向思考，就能找到新方向

多花點腦筋，在現代人性叢林中，別只會在筆直的道路上行走，迷了路只會停在原地等待救援。

想從芸芸眾生中脫穎而出，比別人早一步成功，你必須同時具備做人與做事應有的應變智慧。

當事情陷入膠著狀態，你能不能適時運用自己的聰明機智，讓它朝著自己希望的方向發展？

所謂的機智，就是發現不同事物之間的相似之處，以及發現相似事物之間的差異。機智對於人際之間的應對進退有著無窮妙用，面對那些惹人厭的人事物，每個人都應該設法讓自己聰明一點。

美國有個店員，因為工資糾紛要和老闆打一場官司，於是請了一位很有名的律師幫他打這場官司。

不知道為什麼，店員與老闆的工資糾紛，演變到後來，竟然成了債務糾紛，不過雙方在這件事情上都沒有證據，都無法證明自己的清白。

這個店員非常擔心會輸了這場官司，即將宣判之時，他向律師提出一個想法，想送一份厚禮給法官。

律師一聽，連忙制止：「千萬別送禮，這時候送禮反而證明你心中有鬼，本來還有贏的機會，一旦送了禮，那麼你肯定要輸了。」

店員了解的點點頭，表示不會送禮。

但是，他回到家後，想了想律師的話，覺得裡面大有文章可做，於是他瞞著律師，仍然送了法官一份厚禮。

沒想到，不久之後法庭開庭判決，店員贏得了這場官司。

這個店員十分自豪地對律師說：「感謝您當初給我的指點，我還是送了一份厚禮給法官，不過在禮品的名片上，我寫上了老闆的名字。」

律師聽到後，目瞪口呆地一句話也說不出來。

你必須具備的應對智慧

店員因爲送禮而打贏了官司，關鍵在於他有一顆靈活思考的腦袋。

當別人只用一條直線在思考，認爲「送禮」是理虧的證明的時候，他卻能反向思考、逆向操作，尋找新的解決辦法，亦即假冒老闆的名義送禮，讓法官對老闆產生不良印象。

這估故事無疑告訴我們，在現代人性叢林中，別只會在筆直的道路上行走，迷了路只會停在原地等待救援。其實，你一點也不需等待別人的救援，因爲，只要你肯花點腦筋，再多繞幾個彎，就能到達目的地了。

有點心機，比較容易出人頭地

在充滿競爭的社會中，除了能力要比別人強，更要比別人懂得智謀的運用和機會的把握。

文藝復興時期的大藝術家達文西說：「鐵不用就會生鏽，水不流就會發臭，人的智慧不用就會枯萎。」

確實如此，唯有懂得運用智慧的人，才可能激發高明的創意，爲自己創造出無可比擬的競爭力。

活在這個「靠銀行，銀行會倒；靠政府，政府會跳票」的年代，想要出人頭地，就必須具備一些做人做事應有的心機，別再傻乎乎地混日子。因爲，裝傻只會讓你越來越傻，擺爛只會讓你越來越爛！

日本松下公司準備從新聘的三名員工中，選出一位來從事市場行銷企劃工作。人事主管計劃於是讓他們來個職前「魔鬼訓練」，並從中挑選出最適合的人選。這三個人被送到廣島去生活一天，每個人身上只有一天二千日元的生活費用，最後誰剩下來的錢最多，誰就是優勝者。

生活費已經夠少了，還要有錢能剩下，實在是件困難的事。

一罐烏龍茶的價格是三百元，一瓶可樂的價格是二百元，而且最便宜的旅館一夜也要二千元。也就是說，他們手裡的錢剛好能在旅館裡住一夜，但是這麼一來，他們一天的錢也就沒有了。所以，他們要不就別睡覺，要不然就不吃飯，除非他們能在天黑之前，讓這些錢生出更多的錢。但是前提是，他們必須單獨生活，三個人不能相互合作，更不能幫人打工。

於是，三個人便開始各憑本事了。

第一位先生非常聰明，他用五百元買了一副墨鏡，用剩下的錢買了一把二手吉他，來到廣島最繁華的新幹線售票大廳外，扮起「盲人賣藝」來。半天下來，大琴盒裡已經裝了滿滿的鈔票了。

第二位先生也非常聰明，他花五百元做了一個大箱子，也放在繁華的廣場上，箱子上寫著：「將核子武器趕出地球，紀念廣島災難四十周年，爲加快廣島建設大募捐」。然後，他用剩下的錢僱了兩個中學生，並在現場宣傳講演，不到中午，箱子也裝滿了一整箱的捐款了。

至於第三位先生，看起來好像是沒什麼頭腦的傢伙，也許他眞的累了，所以他做的第一件事，就是找個小餐館，點了一杯清酒、一份生魚、一碗飯，好好地吃了一頓，一下子就花掉了一千五百元。接著，他找了一輛廢棄的汽車，在那裡好好地睡了一覺。

一天下來，第一位和第二位先生都對自己的聰明和不菲的收入暗自竊喜。可是，到了傍晚時，兩個人卻同時面臨了意料之外的厄運。

一名佩戴胸章和袖標、腰間配帶手槍的稽查人員出現在廣場上，他摘掉了「盲人」的眼鏡，摔爛了「盲人」的吉他，也撕破了募捐的箱子，在沒收了他們全部的「財產」後，還沒收了他們的身份證，揚言要以欺詐罪起訴他們。

就這樣，一天結束了，當第一位先生和第二位先生設法借到路費，狼狽不堪地返回松下公司時，已經比規定時間晚了一天了，而且更尷尬的是，那個「稽查人員」已經在公司恭候多時了！

原來，他就是那個在餐館裡吃飯，在汽車裡睡覺的第三個先生。他的投資，是用一百五十元做一個袖標、一枚胸章，花三百五十元，向拾荒老人買了一把舊玩具手槍，和化裝用的絡腮鬍子。

這時，公司的國際市場經銷部課長走了出來，對著站在那裡發呆的「盲人」和「募捐人」說：「企業要生存發展，想獲得豐厚的利潤，不僅要知道如何攻入市場，更重要的是，要懂得如何攻下敵方的整個市場。」

法國大文豪大仲馬曾經這麼說：「上帝限制了人的成功力量，但卻給了人算計別人的心機。」

正因爲如此，一個精明的人，若想在做人或做事之時不遭人算計，就不能盲目信任別人，因爲，你以爲的那些好人，不一定就是好人！有時候，外表和善的人，其實才是最奸詐狡猾的。

人性作家凱特曾經提醒我們：「做人要聰明到懂得見風轉舵，做事精明到懂得過河拆橋。」

地球已經變平了，競爭者正虎視眈眈想搶走你的機會。想要比別人成功，光是靠認眞和努力是不夠的，有時候在做人方面必須多一點心機，在做事方面必須多一些手腕，才能讓自己在這個充滿變數的社會中出人頭地。

小人爲了陷害別人或是爭奪利益，往往會想盡各種辦法，並且變換各種身分，然後在關鍵時刻，誘使對方墜入他們設好的圈套。

現實社會就是這樣，戲法人人會變，巧妙各自不同。在充滿競爭的社會中，除了能力要比別人強，更要比別人懂得智謀的運用和機會的把握。

也許，遭遇到層層阻礙和打擊之時，有人會質疑社會的現實、不公，但是，與其質問別人的投機，不如學習第三位先生的機智。

人的智慧和創意是沒有極限的，當大家都用相同的手段和方法時，只要你能比別人多動腦一分鐘，你就能把別人的機會搶過來，甚至還能爲自己創造另一個獨一無二的機會。

對你好的人，不一定是貴人

只要讓自己快速學會對付小人，你就能在小人欺負你時，知道如何見招拆招，反過來牽著對方的鼻子走！

作家蒙森曾說：「凡是小人，通常都有一個共同點，那就是他們往往都會戴著貴人的面具出現在你身邊。」

因此，千萬別天眞地以爲在你最困難無助的時候，向你伸出援手的人，就是拯救自己的貴人，因爲，這個在你眼中的「貴人」，極有可能就是在背後讓你陷入困境的那隻黑手。

爲人處世有個很重要的教訓是：不可太信任別人。當然，這並不是教你陷入另一個極端的猜疑，而是提醒你凡事要先進行了解，千萬不要因爲人家說什麼，你就照著做什麼，否則就會被身邊的小人耍得團團轉。

紐約電話公司的總經理麥卡隆，因爲小時候被人開了一次大玩笑，於是學會了自我判斷與自我解決事情的能力。

當時他還是個小孩，雖然工作經驗還不少，卻很容易上當。那時的他在火車站的車道上做各種零工，常常受到一些工人的愚弄。

在一個炎熱的夏天中午，位於山岩與河流之間的車站熱得像鍋爐一樣，有個叫比爾的工頭，卻煞有介事地要求麥卡隆去拿一些「紅油」，以便晚上點「紅色的電燈」之用。他告訴麥卡隆「紅油」得到圓房子裡拿，麥卡隆恭恭敬敬地接收指令，便到那裡跟他們要「紅油」。

「紅油？」那裡的職員十分奇怪地問：「做什麼用的呢？」

「點燈用的。」麥卡隆解釋說。

「啊，我曉得了。」那個職員心中似乎明白了：「紅油是在過去那個圓房子的油池裡。」

於是，麥卡隆就在那滾燙的焦煤碴上又走了一里路之遠。到了油池那裡，有人告訴他「紅油」並不在那裡，更不知道那是什麼東西，於是便叫他到站長的辦公室裡去問清楚。

麥卡隆在大太陽底下，就這麼來來回回走了一整個下午，最後他著急了，便跑去問一個年老的工程師。這個慈祥的老工程師心疼地望著他說：「孩子呀！你不曉得那紅光是紅玻璃映射出來的嗎？你現在回到工頭那裡去和他理論吧！」

麥卡隆得到這次教訓後，發誓以後絕不要像呆子一樣，被人玩弄了還搞不清楚狀況，他決心以後做任何事都要把眼睛睜大，耳朵聽仔細，腦袋瓜子也不再只是用來放帽子的地方。

法國大文豪雨果在他的名著《鐵面人》中，曾經這麼譏諷地寫道：「天底下最可憐的笨蛋，是那些從來不懷疑別人可能言行不一，而對別人所說的話一味地信以為真的人。」

現實的社會充滿陷阱，處處可以見到欺騙、訛詐、巧取豪奪；複雜的人性捉摸不定，有時散發著善良的光輝，有時流露著醜惡的慾望。

每個人的身邊都會圍繞一群小人，諷刺的是，我們都曾因爲認識不清，對這群小人深信不疑。在這個大家認爲「小人不能惹」的年代中，具備一點心機，做好自保工作，無疑是防範小人耍奸耍詐的首要課題。

害怕被小人愚弄、欺負嗎？那麼你就要把眼睛睜亮點，腦子放靈活些，懂得判斷，並且努力學習。只要讓自己快速上手，你就能在小人欺負你時，知道如何見招拆招，反過來牽著對方的鼻子走！

不要習慣依賴別人，也別老是等待別人的答案，你必須要有自己的判斷力，要有自己看待人事物的方法，多用自己的大腦去思考，你才能走出自己的路。

不要聰明反被聰明誤

不要太相信自己的學經歷，天才與蠢才之隔，就是一個時常動腦思考，一個靠著小聰明而頻頻跌倒。

德國科學家貝爾納曾說：「不少學者就像是銀行的出納人員，即使掌握了許多金錢，這些錢也不是他的財產。」

正因爲如此，我們才會在層出不窮的詐騙案中，赫然發現許多受害者有著超高學歷，甚至是教授級人物。

不是會唸書的人就一定聰明，也不是學歷高的人說的話就一定對，因此，別再仗著自己有些小聰明而志得意滿。

如果你沒有讓自己繼續成長，你的小聰明永遠就只有那些。

成長與學習停滯的人，永遠也不會有大智慧，希望自己能有所成就，肯定是件困難的事。

做人要聰明，做事要精明

一位美國汽車修理師有一個習慣，非常喜歡在工作時說笑話。

有一次，他從引擎蓋下抬起頭來，問一位前來修車的博士：「博士，有個又聾又啞的人到一家五金行買釘子，他把兩個手指頭並攏，放在櫃台上，又用另一隻手做了幾次鎚擊動作，於是店員給他拿來一把鎚子。他搖搖頭，指了指正在敲擊的那兩個手指頭，店員便給他拿來了釘子，他選出合適的就走了。接著，店裡又進來了一個瞎子，他要買把剪刀，你猜他要怎麼表示呢？」

這位博士想了一下，便舉起右手，用食指和中指，做了幾次正在剪東西的動作。

修理師一看，開心地哈哈大笑起來：「啊！博士你眞笨，他當然是用嘴巴說要買剪刀呀！」

接著，這個汽車修理師又得意洋洋地說：「今天，我用這個問題把所有的顧客都考了一下。」

「上當的人多嗎？」博士急著問。

「不少。」汽車修理師說：「但是，我早就知道你一定會上當。」

「爲什麼？」博士詫異地問。

「因爲你受的教育太高了，博士，光從這一點，我就可以知道你的腦袋打結，不會太聰明啦！」

你必須具備的應對智慧

德國作家利希騰貝格曾經寫道：「在我們生活的這個世界上，一個傻瓜會造就許多傻瓜，而一個智者只能造就幾個智者。」

因此，做人要用心，做事要用腦筋，千萬別當個不辨眞僞的傻子，否則就會淪爲別人耍弄的對象。

人生充滿危機和變數，人不可能全知全能，出糗與上當是每個人都沒有辦法逃避的人生考驗，狡詐的人永遠會想盡辦法挖掘你的盲點，刺激你的缺陷，好讓你暴露出更多弱點，然後把你耍得團團轉。

擁有多少知識並不等於擁有多少才智，現實生中充滿著許許多陷阱，勤於思考才是避免犯錯的最佳途徑。

不要太相信自己的學經歷，天才與蠢才的區隔，就是一個擁有大智慧，時常動腦思考，一個靠著小聰明而頻頻跌倒。

如果你常覺得自己懷才不遇，或者老是上當受騙，那麼你可要重新評估自己的聰明才智囉！

太過自信的人，往往活在自我設限的框架中，讓原有的聰明才智難以發揮。

其實，成敗皆在你手中，眞正成功的人不會迷失在別人精心佈置的疑陣中，也更明白如何才能一鳴驚人，爲自己創造無人能取代的地位。

面對挑釁，何必太認真？

若是你不希望讓周遭的小人煩擾生活，不希望被無謂的事情擾亂心情，就讓看事情的視野多一些角度吧。

面對別人的挑釁，你都是臉紅脖子粗地回應嗎？

其實，看事情的角度有很多，面對別人的挑釁舉動，除了動氣之外，你可以有不同的解釋和不同的面對態度，讓想使你出糗的人出糗。

只要發揮你的智慧，你希望事情怎麼進展，你就能看見期望的結果！

美國自由派牧師亨利．沃德和他的姐姐，《湯姆叔叔的小屋》的作者斯朵夫人，都是廢除奴隸運動的鼓吹者和參與者。由於亨利．沃德經常在佈道時，揭露奴隸制度的罪惡，因此經常遭到奴隸主人的辱罵和攻擊。

有一次，他收到了一封信，拆開一看，上面只寫了兩個字：「白癡」。

佈道時，沃德談到了這件事，戲謔地說：「我常常收到寫完了信，卻忘了簽上自己名字的人，但是，居然有人只記得簽下自己的名字，卻忘了寫信，今天我倒是頭一次遇到。」

還有一次，沃德正在發表反對奴隸制度的演說時，台下突然傳出了一陣「喔喔喔」的雞鳴聲，這時會場一陣嘩然，沃德只好停止演講。

原來，台下的聽衆裡，有一些贊成奴隸制的主人，故意模仿雞叫的聲音，想干擾沃德的演講。但是，沃德非常鎮定，臉上沒有一點惱怒的神情，只是從口袋裡慢慢地拿出懷錶，認眞地看了一遍，又來回晃了幾下。

他這個舉動立刻吸引了台下的聽衆，會場頓時又安靜了下來。

於是，他滿臉認眞地對聽衆說：「太奇怪了，我的懷錶還好好的，沒有任何毛病啊！可是懷錶的時針卻指著十點鐘，我很肯定現在應該是清晨才對，因爲下面那些雞在叫喊，絕對是出自於動物的本能！」

你必須具備的應對智慧

詩人薩克雷曾經說：「假如你不懂得如何應付身邊那些討厭的小人，那麼，你一定不會成為智者。」

在這個人心叵測的時代，做人做事要多一點心眼，面對不懷好意的對手，更要懂活用自己的腦袋化解窘境。

當沃德的處理方法讓人會心一笑時，我們同時也發現，對事物的解釋方式原來比事物本身更重要，一切端看我們面對事情抱持什麼樣的態度，以及如何設定解釋的角度。

思考應該是寬闊的、深刻的，若是你不希望讓周遭的小人煩擾生活，不希望被無謂的事情擾亂心情，就讓看事情的視野多一些角度吧。

讓小人自己去傷腦筋

活用你的腦袋吧！方法和生機全在你的大腦裡，只要動一動腦，你就能發現另外的一片天地。

希臘哲聖蘇格拉底曾經語重心長地這麼說：「不經思考、反省的人生，是不值得活下去的。」

在人生的各項競爭中，是否具備聰明才智，往往是決定勝負的關鍵。

因此，平常就得經常鍛鍊自己的腦力，讓才智像太陽一樣發光，如此它才可能成爲你克敵致勝的秘密武器。

這是一個腦力競賽的時代，當你遇到人生中的困境和危機之時，往往就是測試自己生命價值的關鍵時刻。

古希臘時代，有位國王爲了彰顯他的「仁慈」，特地允許囚犯自行選擇死亡的方式，方法有二，一是砍頭，二是絞刑。

但是，國王讓囚犯選擇死亡的方法卻很可笑，他要求囚犯在臨死前，隨便說一句話，並由他當場檢驗這句話的眞假，倘若囚犯說的是眞話，便處以絞刑，說假話就要被砍頭。於是，臨刑前，每個說眞話的囚犯一一上了絞刑台，說假話的囚犯則一個個人頭落地。

這時，國王的衛士把一個名叫布爾的囚犯帶到了刑場，讓他和其他囚犯一樣，先說一句話來斷定眞僞之後，再決定行刑的方式。

這時，只聽見聰明的布爾說：「國王陛下，您會將我砍頭！」

國王聽了之後，不禁大傷腦筋，想了半天也想不出話中的眞假。如果布爾說的這句話算眞話，那麼就得處以絞刑；但是若處以絞刑，那麼這句話就會變成了假話。

同樣的，如果這句話算假話，那麼就得將他砍頭，但是，要眞砍頭的話，這話便又成了眞話。

只見國王搔得頭髮都亂了，仍然想不出結果來，最後他只好宣佈將布爾放走，赦免了他的死刑。

你必須具備的應對智慧

在「你不詐人，人必詐你」的人性戰場上，我們的身邊充斥著噬人害人的小人，如果你不懂得把心機發揮在可以勝出的地方，那麼你永遠都只是這場戰役中的輸家，被小人玩弄於股掌之中。

不能以武力征服的，靠智慧每每制勝，如果你不能識破小人正的「搞詭」伎倆，不能用智慧化解，就會淪爲任人宰割的「蠢蛋」。

聰明的布爾，利用邏輯中的矛盾，才得以僥倖免於一死，如果他只會呼天搶地的喊「大人冤枉」的話，下場當然是死路一條。

日常生活之中也是如此，當你不小心被小人逼進了死胡同裡，你是在那裡拼命地繞圈圈、鑽牛角尖，還是坐以待斃等著死期的到來，還是設法絞盡腦汁將問題丟還給對方，讓他自己去傷腦筋呢？

文藝復興時期的大藝術家達文西說：「鐵不用就會生鏽，水不流就會發臭，人的智慧不用就會枯萎。」

確實如此，唯有懂得運用智慧的人，才可能激發高明的創意，爲自己創造出無可比擬的競爭力。

活用你的腦袋吧！方法和生機全在你的大腦裡，只要動一動腦，你就能發現另外的一片天地。

別當漲紅了臉的驢子

許多害怕技不如人的人，常會以嘲笑他人來掩飾自己的不足，殊不知當他嘲笑別人之時，也正嘲笑了自己。

缺乏才智的人最喜歡做嘲笑別人的事，蘇東坡就認爲「笑人者可笑」，這是因爲才智不足的人，只會用嘲笑的方法面對高手，或者一味虛張聲勢，卻怎麼也不敢與高手過招。

面對這樣的人，不要讓對方的敵意左右自己的意志，何妨以對方的邏輯加以回敬，讓他好好認清自己的嘴臉。

如果你懂得發揮創意，許多看似難堪的場面都會變得對自己有利。

德國著名的詩人海涅是猶太人，有一段時間，常常因爲種族問題，而在公共場合中被一些無聊的人士侮辱和攻擊。但是，海涅總是憑著機智、幽默，輕鬆地應付過去，把尷尬留給對方。

有一天，在一個晚會上，有個不懷好意的傢伙又想找碴，便故意趨前對海涅說：

「我發現了一個小島，奇怪的是，這個島上竟然沒有猶太人和驢子哩！」

海涅看了他一眼，並沒有因爲對方的侮辱而動氣，只是不急不徐地回答說：

「喔？照這樣看來，只有你跟我一起到那個島上，才能彌補這個缺陷吧！」

在場賓客聽了這番妙答，不禁哄堂大笑，那個想要羞辱海涅的人，瞬間成了一頭漲紅臉的「驢子」。

你必須具備的應對智慧

想要提昇自己的處世競爭力，做人做事不一定要八面玲瓏，但是，一定要講究策略和技巧，幽默的談吐和適時的機智不只可以替自己解圍，同時也可以是和別人輕鬆溝通的工具。

當批評別人多過於反省自己，當審視事情的深層意義少於表面偏見，你的表現只會讓人覺得一無是處。

古人有云：「莫笑人短，莫恃己長」，一旦你刻意去嘲笑別人的缺點時，聰明的人早已看出你究竟是什麼貨色了。

日常生活中，許多害怕技不如人的人，常會以嘲笑他人來掩飾自己的不足，殊不知當他嘲笑別人之時，也正嘲笑了自己。

用幽默來感化解尷尬

生活中時常需要機智與幽默，讓自己在遇上瓶頸或跌倒時，有個台階下，並且找一個能讓自己帶著微笑，重新來過的新開始！

眞正聰明的人，不會因爲外來的刺激而情緒失控，更不會稍不如意便失去理智，反而會用幽默的態度面對。

因爲他們十分清楚，暴跳如雷於事無補，只會衍生更多衝突。

想化解尷尬，就先培養你的幽默感。

有時候，帶點自我嘲諷的意味，更能一針見血的指出問題所在，又因爲有幽默感的裝飾，不僅能化解尷尬，還能化險爲夷。

俄國著名的寓言故事家克雷洛夫，雖然號稱著作等身，但生活卻非常貧困，平時衣衫襤褸，而且常常因爲付不起房租，每隔一段時間就會被房東掃地出門。

一天，克雷洛夫又找到了一間新房子，但是這個房東看了他的窮酸模樣，擔心他會把房子的設備破壞，便在房契上加了一項但書：「如果租用者不小心引起火災，燒了房子，必須賠償一萬五千盧布。」

克雷洛夫看了這條很不合理的條款，不但不生氣，反而拿起筆，大方地在一萬五千後面，再加了兩個「○」。

房東瞪大了眼，驚喜道：「哎呀，一百五十萬盧布？」他以爲自己有眼無珠，遇到了一位大富翁還不自知。

怎知，克雷洛夫卻急不徐地告訴他說：「是的，反正不管多少，我都一樣賠不起，何不大方一點？」

房東聽到後，呆了半天都說不出話，最後只好取消這項但書。

你必須具備的應對智慧

詼諧幽默的應對方式就是彼此互動最好的潤滑劑。也就是說，當你遇到自己不感興趣的問題，不知道該跟對方說什麼，或是不想跟對方糾纏不清的時候，就越必須用極出色的幽默感與對方溝通。

雖然克雷洛夫的說法有點無賴，但是當他用這種方式化解房東的無理要求時，卻也不禁令人莞爾。

他以嘲弄自己的幽默感，來處理房東的無理要求，不只一針見血地指出了對方的無理，也誠實地說出了自己的窘境。

生活中時常需要這樣的機智與幽默，讓自己在遇上瓶頸或跌倒時，有個台階下，並且找一個能讓自己帶著微笑，重新來過的新開始！

找個方法宣洩你的情緒

情緒一被撩撥上來，如果沒有適當的方式，不僅很容易傷及他人，也會讓自己積累了更多的怨氣。

遇到心情不好的時候，有人會打沙包，也有人會打小人偶，而大聲哭泣則是最常使用的方法。

你是怎麼發洩你的情緒的？相信你一定有自己的方法，只要不是直接面對人，一股腦地把情緒倒在對方的身上就好。

有一天，陸軍部長斯坦頓向林肯總統抱怨，有一個將軍很愛罵人，而且老愛說粗話。林肯聽完後，建議斯坦頓寫封比將軍更尖酸、粗鄙的信，還教他一定要「狠狠地罵他一頓」。

斯坦頓回去後，立刻寫了一封措辭相當刻薄、強烈的辱罵信，然後興沖沖地拿給總統看。

「對！對！」林肯看了，讚許地說：「就是要這樣，好好把罵他一頓，你寫得眞好，斯坦頓。」

有了總統的贊許，斯坦頓感到非常得意，立刻摺好信，準備放進信封，但這時林肯卻攔住了他。

林肯問：「這封信你打算怎麼處理？」

斯坦頓訝異地說：「當然是寄出去啊！」

林肯大聲說：「等等，這封信不要寄出去，你把它丟進爐子裡吧！只要是生氣時寫的信，我都會這樣處理。相信當你痛快地寫著這封信時，心裡的怒氣也已經消了吧！現在感覺有沒有好多了呢？這時候，你不妨把它燒掉，另外再寫一封吧！」

你必須具備的應對智慧

每個人都有情緒，也都會有必須發洩的怨氣，有時候並不是爲了指責什麼人，通常只是爲了「發洩」而已。

只是，情緒一被撩撥上來，如果沒有適當的方式，不僅很容易傷及他人，也會讓自己積累了更多的怨氣。

於是，你得找個不傷人又能平息心中怒氣的方法，像林肯的書寫方式，打沙包、打小人偶，或是用力地吶喊，只要將情緒渲洩出來，你又會有另一個新的開始。何必和那些尖酸刻薄的小人一般見識呢？

3.

針對敵人的
弱點進行心理戰

面對蠻橫無理而又無知的人，
無法跟他們講道理的時候，
就要針對他們的弱點進行心理戰。

只有報復才能醫治心靈的創傷

俄國大文豪高爾基說：「除了強烈的復仇的毒藥，什麼也不能醫治我心靈的創傷。」

丹麥作家祁克果曾說：「想要了解人生，只能向前追溯；但要渡過人生，則應向前瞻望。」

確實，人生必須向前瞻望，但也不必硬逼著自己將過去的那些屈辱、不堪徹底遺忘，想醫治自己的心靈創傷，有時就必須適時適度地報復。

假如你遭到欺辱、誣陷、迫害，心中一定要想著以後不但要如法炮製，而且還要加倍奉還。這樣不僅可以鍛鍊你的意志力和思考力，也能培養臨機應變的能力，否則，你就會淪爲人人都想欺負的懦夫。

戰國時代，孫臏和龐涓一同拜鬼谷子爲師，學習文韜武略，兩人並結爲異姓金蘭，對天發誓日後如果心懷不軌加害對方，就受萬箭穿心而亡。

過了一段時間，龐涓自認爲修習得差不多了，便急急辭別師父和孫臏，下山求取功名。孫臏則自認尚有不精之處，因而繼續留在鬼谷子身邊學習。鬼谷子見孫臏爲人質樸，而且勤勉好學，就將自己鑽研文韜武略的畢生菁華《鬼谷兵法》傳授給他。

龐涓回到魏國之後，受到魏惠王（梁惠王）器重，並且當上駙馬爺。後來，魏惠王聽說龐涓的拜兄孫臏頗有才學，而且深諳兵法韜略，於是就讓龐涓邀請孫臏到魏國。

孫臏在魏惠王面前論起兵法滔滔不絕，令龐涓十分嫉妒，深怕他威脅到自己的地位，於是便在魏惠王面前百般誣陷孫臏，魏惠王信以爲真，一氣之下命人把孫臏

的膝蓋骨挖掉，關進大牢裡。

龐涓爲了騙取《鬼谷兵法》，表面上對孫臏大獻殷勤，孫臏不知道龐涓就是陷害他的主謀，十分感激地答應龐涓把《鬼谷兵法》刻在竹簡上。

後來，孫臏得知龐涓誣陷自己的實情，爲了脫身開始裝瘋，一會兒痛哭流涕，一會兒狂笑不止，說起話來顛三倒四，語無倫次。

但是，龐涓工於心計，懷疑孫臏是因爲不肯交出兵書故意裝瘋賣傻，於是叫人把孫臏扔進糞坑，豈知，孫臏竟抓起糞便就吃。至此，龐涓才完全相信孫臏眞的發瘋了。

後來，齊威王派人到魏國救出孫臏。孫臏脫險回到齊國後，深受齊威王重用，不久使出「圍魏救趙」的計謀，並親自帶兵伐魏，用減灶之計殲滅魏軍，龐涓倉皇逃到馬陵道時被亂箭射殺，萬箭穿心而亡。

如果你時時刻刻都懷著強烈的復仇念頭，不知不覺中就會提昇自己的鬥志和毅力，而且在忍耐的過程中，會有許許多多的感觸，想法會變得更成熟，心胸也會廣闊許多。

俄國大文豪高爾基曾經這麼說：「除了強烈的復仇的毒藥，什麼也不能醫治我心靈的創傷。」

當我們受到別人欺負，心中總會想著如何報復對方，一旦燃起這種念頭，所有的自卑感和失敗感就會消失無蹤。

當然，你也可以選擇原諒對方，或者發揮阿Q精神，要求自己不跟對方計較，但是，若是要維持心理健康，就必須奉行「以眼還眼，以牙還牙」的原則，並且根據這個原則行動，把報復的主動權掌握在自己的手上，這才是一個聰明的強者該有的作爲。

趁早脫身，才能躲過厄運

想要走出爾虞我詐的人性叢林，不被有心人士繼續利用，就必須絞盡腦汁，用積極行動幫助自己脫身。

奧地利作家茨威格在《桎梏》一書中寫道：「人應該為自己的思想去獻身，而不是為別人的瘋狂去送死。」

的確，電光石火般的人生太過短暫了，而我們想達成的願望卻是那麼多，因此我們只能選擇爲自己和心愛的人而活。這麼說雖然現實，但是也是人生中不得不然的無奈選擇。

尤其，在這個奸惡之人當道、詐術騙術目不暇給的年代，許多有心人士更是處心積慮想要騙取我們的時間、熱情與精力，去爲他們賣命，我們怎能不趁早從這些陷阱中儘快脫身呢？

做人要聰明，做事要精明

明朝知名的風流才子唐伯虎，精通詩畫，博古通今，文才遠近馳名。寧王朱宸濠久仰其名，便重金禮聘他到自己的封地當官。

唐伯虎走馬上任後，朱宸濠對他相當禮遇。但是，經過一段時間，唐伯虎猛然察覺朱宸濠大肆招兵買馬，有圖謀不軌的跡象，暗自警惕：「此地是火坑，不可久留。」

他清楚朱宸濠生性多疑，倘若公然表達辭隱的意思，必定會引起朱宸濠的猜忌，搞不好還會招來殺身之禍，於是他就仿效孫臏裝瘋賣傻之計，忽哭忽笑，說話顛三倒四。

朱宸濠知道這事之後，派人前來查看他是否真的瘋了，只見唐伯虎全身赤裸、披頭散髮，在眾目睽睽之下淫猥地撫弄自己的生殖器官，還往地上撒尿，然後又抓起污物來吃。

朱宸濠聽到屬下這番描述，認爲唐伯虎眞的瘋了，不覺興起憐憫之心，派人把他送回家鄉。

後來，朱宸濠謀逆不成，伏法受誅，餘黨無一倖免，唯有唐伯虎及早脫身，沒有被株連。

你必須具備的應對智慧

缺乏識人之明與觀察能力的人，總是迷惑於眼前的際遇，總是認爲對自己好的人就是好人，對自己好的事就是好事，忘記人性是虛僞狡詐的，世事是變動不羈的。這樣一味仰賴別人的結果，其實只會削弱自己的應變能力，有時甚至陷入險境而不自知。

日本心理學家德田虎雄在《產生奇蹟的行動哲學》一書中提醒我們：「行動，行動，行動……只有徹底的行動，才是改變自己，改變自己周圍社會的唯一途徑。」

把自己的人生希望寄託在別人身上，不僅僅是危險的行徑，同時也是可憐與可悲的懦弱表現。

想要走出爾虞我詐的人性叢林，不被有心人士繼續利用，就必須絞盡腦汁，用積極行動幫助自己脫身。

萬一想不出更好的點子，不妨學習唐伯虎裝瘋賣傻的計策，讓對方認爲你已經沒有利用價值，而不再對你糾纏不休。

這個方法雖然有損顏面，但是，想要讓自己快活一輩子，暫時委屈自己一下子又有什麼關係呢？

針對敵人的弱點進行心理戰

面對蠻橫無理而又無知的人，無法跟他們講道理的時候，就要針對他們的弱點進行心理戰。

美國總統林肯曾說：「如果我們能夠了解我們的處境與趨向，那麼，我們就能更好地判斷我們應該做什麼，以及怎樣去做。」

我們在生活中遭受的痛苦與折磨，有些是我們自找的，有些則是週遭的人硬生生加在我們身上的。

無論如何，這些都是相當不愉快的生活經驗，必須儘快擺脫，才能讓自己身心健康，過自己想過的日子。

想要脫離眼前讓自己痛不欲生的困境，就必須下定決心徹底分析自己當前的處境，明瞭自己和對手的優勢與劣勢，然後才能設定往哪個方向突破，以最有效率的方式獲得成功。

以下這個故事雖然有點裝神弄鬼的成分，但是，多少可以讓我們在思索如何突破生活桎梏時，獲得一些啓發。

做人要聰明，做事要精明

從前，有一個秀才相當怕老婆，他的妻子是個醋罈子，生性潑辣善妒。

有一次，她怕丈夫到外頭拈花惹草，就在他的腳上綁了一條長繩，只要她一拉繩子，丈夫就得馬上前來報到。

這位秀才簡直活在水深火熱之中，苦不堪言，於是便找機會和一個平日熟識的神婆串謀，趁他的妻子睡午覺的時候，把長繩拴到一頭公羊腳上，自己則逃到外面逍遙。

秀才的妻子午覺醒來之後，便拉動繩子，要丈夫前來報到，誰知丈夫竟然不見蹤影，卻不知從哪裡跑來一頭公羊。

她大吃一驚，連忙叫人找神婆前來詢問一番。

神婆屋裡屋外逡尋了一圈，然後煞有介事地說：「哎呀，這都是因爲妳平日潑辣善妒，做事太過刻薄，把丈夫當成畜生看待，神明看不過去，因此一氣之下就乾脆把妳的丈夫變成了一隻羊。如果妳願意懺悔改過，我可以幫妳祈求上天寬恕。」

婦人聽了這番話，不禁悲從中來，抱住羊頭痛哭不已，一再向神婆表示自己一定會悔過自新，請她設法幫忙。

爲了把戲演得逼眞，神婆便要她齋戒七天，而且全家大小都要到神壇前默禱，隨即牽著羊走了。

七天之後，這個秀才慢慢晃回家，他的妻子看見他之後，立即痛哭流涕地詢問：「你變成羊好多天，辛苦嗎？」

秀才暗自覺得好笑，但是一本正經說：「嗯，我還記得因爲城裡沒草可吃，只好去啃桌腳，肚子不時隱隱作痛，還拉肚子拉了好幾天。」

他的妻子聽了更加傷心，決心要痛改前非，但是，有時候還是免不了會流露潑辣善妒的本性。

每當這個時候，這個秀才便故意爬在地上，裝成羊的樣子亂跑亂叫，婦人大驚不已，表示以後再也不敢善妒了。

你必須具備的應對智慧

這個故事告訴我們，擁有比別人更多的知識就是擁有征服的力量，尤其是，面對蠻橫無理而又無知的人，無法跟他們講道理的時候，就要針對他們的弱點進行心理戰。

智力會增加成功的機率，因此我們平常就得鍛鍊自己的腦力，讓才智像太陽一樣發光發亮，如此它才可能成爲克敵致勝的秘密武器。

同樣的，自認爲性格懦弱、意志力薄弱的人，也應該針對自己的弱點，加強心理建設。

困難，往往是我們薄弱的性格想像出來的；徬徨、膽怯、逃避……種種負面心理，總是使得我們將一灘淺水想像成汪洋大海。

人若是碰到不如意的事情就陷入苦惱的迷宮，一直想個不停，最後必然會因為苦惱、疑惑而一蹶不振。其實，只要我們不去想負面的事情，性格自然可以變得樂觀開朗。

一個人只要腦海中存有「我是個很堅強的人」或是「不論碰到任何事情我都能隨機應變，沒什麼好怕的」之類的念頭，性格自然能夠隨之改變，進而誕生一個嶄新的面貌。

口蜜腹劍也能「名垂青史」

在高度競爭的時代，必須提防別人的惡性競爭，不論做什麼事情，都要有掌握正確資訊和運籌帷幄的能力。

日本心理學作家邑井操在《決斷力》一書中寫道：「一個成功者之所以與一般人不同，就在於他能夠在勝負未分之前，對自己的應變能力充滿信心，然後去謀取獲得勝利的條件。」

的確如此，成功者之所以能夠成功，關鍵就在於競爭過程中，懂得掌握最新最快的情報，然後設法爲自己製造最有利的條件，不動聲色地排除那些潛藏在暗處的威脅。

至於失敗者之所以失敗，往往就是引用錯誤的情報錯估形勢，或者昧於知人，喜孜孜地把別人包藏禍心的建議，當成對自己有利的忠言，事前既不查證，事後又對自己的失敗感到莫名其妙。

做人要聰明，做事要精明

李林甫是唐玄宗的宰相，也是以口蜜腹劍「名垂青史」的陰謀家。

他有一個心腹大患名叫嚴挺之，由於觸怒唐玄宗而被貶黜到地方任職，但是李林甫仍時存戒心，對他處處提防。

果然，有一天，唐玄宗突然想起嚴挺之，想召他回京師任職，便信口問李林甫說：「嚴挺之現在被貶到哪兒？過幾天把他調回京城吧！」

當天，李林甫退朝後，立刻擺駕前往嚴府，笑嘻嘻地對嚴挺之的弟弟說：「我是特地來報喜訊的，陛下對令兄的現況相當關心，想把他召回京師，但是，又拉不下面子，你不妨通知令兄，讓他向皇上聲稱自己中風，奏請回京療養，讓皇上有個台階可下……」

嚴挺之接到弟弟的書信，不禁喜上眉梢，即刻派專人呈遞奏文，請求唐玄宗調他回京。

唐玄宗接到奏文之後，隨即詢問李林甫應當如何處理，李林甫當下擺出一副忠厚老實的模樣，恭恭敬敬地回答說：「嚴挺之已經年紀老邁，而且中了風，念在他以前的功績，敬請陛下恩賜，把他調回京師擔任閒職，讓他專心養病。」

唐玄宗聽到李林甫這番爲嚴挺之「設想」的說詞，不疑其中有詐，直誇讚他：「你眞是體恤嚴挺之啊！」

你必須具備的應對智慧

歌德曾經寫道：「凡是把厚道做為目的和目標來標榜的人，大都是偽善的。」

的確，任何利用外表美德來掩飾裝飾自己的人，都是僞善者，在他們身上，可以發現兩個極端，那就是這些人表面上看起來像道德家，但私底下卻幹盡令人不齒的勾當。

正因爲如此，一個精明的人，若想在做人或做事之時不遭人算計，就不能盲目信任別人，因爲，你以爲的那些好人，不一定就是好人！有時候，外表和善的人，其實才是最奸詐狡猾的。

李林甫的奸詐手段，幾乎已經到達爐火純青的境界。

看完這則故事，我們不難理解，李林甫可以在唐玄宗時代獨攬大權，屢次鬥倒政敵，其實不是偶然。

當他從言談之中聽出唐玄宗有意再起用嚴挺之的訊息，便開始構思如何保護自己的地位，當下拿出看家本領，施用巧計，既把政敵嚴挺之東山再起的機會消滅於無形，又讓唐玄宗以爲他「宰相肚裡能撐船」，眞不愧是口蜜腹劍的厚黑高手。

嚴挺之被李林甫耍得團團轉的例子，並不是古代資訊不發達的社會才有，事實上在現代高科技社會中也屢見不鮮。

這些受騙上當的人的慘痛教訓，無疑提醒我們，在高度競爭的時代，必須提防別人的惡性競爭，不論做什麼事情，都要有掌握正確資訊和運籌帷幄的能力，才能先下手爲強。

何必在意別人怎麼看自己?

若是整天為了流言蜚語瞎操心，不但有害身心健康，而且也不敢有開創性的作為，那不是很愚笨嗎?

俄國文豪高爾基說：「一個人想要在生存鬥爭中取勝，就得要有智慧，不然，就得要有野獸一般的心腸。」

在這個人人都想出頭的年代，人往往會處心積慮地塑造自己，試圖以完美的形象與表現出現在公眾面前，加深別人對自己的印象。

如果你自認沒有野獸一般的心腸，那麼，想要在競爭激烈的人生獲勝，就必須運用智慧出奇制勝，同時，不要理會別人如何批評、抗議。

法國有家「未來海報廣告公司」，創業之初爲了打響知名度，不斷苦思良策，殫精竭慮之後，便在某個大樓的廣告牆上張貼了一幅巨型海報。

海報上只有一個漂亮的女郎和一行文字。女郎身材健美，笑容可掬，穿著三點式泳裝，雙手插在腰際，身邊的一行斗大的文字寫著：「九月二日，我將脫去上半身的泳衣。」

路過的行人看得滿頭霧水，既不知道這幅養眼的海報有何用意，也不知道是誰張貼的，一時之間，路人議論紛紛，不約而同想看看海報上的漂亮女郎，會不會眞的在九月二日露出上半身。

九月二日清晨，圍觀的人群赫然發現，這個漂亮女郎依舊雙手插腰，向行人露出迷人的微笑，但上半身的泳衣果然不見了，露出豐挺的雙峰，女郎身邊的那行大字也換成：「九月四日，我將脫去下面的。」

出奇的海報戰術，不但引起了過往行人品頭論足，還引起新聞媒體的注意，記者們四處探聽採訪，但卻一無所獲。

九月四日凌晨，許多人一大早就起來，前去看個究竟。

他們見到的畫面是，漂亮女郎下面的泳褲果然不見了，女郎身材修長勻稱，背向著行人一絲不掛，身旁照舊有一行字，寫著：「未來海報廣告公司，說得到，做得到！」

未來海報廣告公司就靠著這個廣告而名氣扶搖直上。

儘管事後法國婦女解放組織指責該公司以女體做廣告，有損婦女尊嚴，引起了一場糾紛，但未來海報公司卻從此打響了知名度。

你必須具備的應對智慧

不管做什麼事，一定要講究策略和技巧。如果你不願花點心思想想，老是直來直往，非但無法順利達成目的，還會陷入各種無法預知的陷阱和困境之中，使自己的人生充滿危機。

成功的秘訣其實很簡單，那就是要明瞭一個道理：機會總是留給厚臉皮的人，何必在乎別人怎麼看自己？

太過於在意別人怎麼看自己，只會讓自己行事受到牽制。

豐臣秀吉絕不在乎別人對他的觀感如何，即使有人當面對他說：「我從沒看過像你臉皮這樣厚的人！」他也毫不介意，反而嬉皮笑臉地回答：「是的，我就是這種厚臉皮的人。」

後來，他更進一步認爲，既然大家都知道他臉皮厚，做事情不就可以更加恬不知恥？別人對他擺明了「不要臉」的行事作風雖然不喜歡，但也莫可奈何，拿他沒辦法。

有許多人往往爲了別人對自己的看法、批評和傳聞而終日心神不寧，其實，有什麼好煩心的呢？這類事情都是短暫的，只不過像啤酒泡沫一樣微不足道，若是整天爲了這些流言蜚語瞎操心，不但有害身心健康，而且也不敢有開創性的作爲，那不是很愚笨嗎？

如何過河拆橋最安全？

莎士比亞在《奧賽羅》中說：「遭小偷的人，要是不知道小偷偷走了什麼東西，別人也不讓他知道，他就會感覺自己並沒有任何損失。」

日本作家扇谷正浩說：「世界上最聰明的人，就是懂得如何使用聰明，而且事成之後不遭到他人反噬的人。」

宋太祖趙匡胤無疑就是這樣的聰明人。他靠著部下發動「陳橋兵變」，披上黃袍創立大宋江山，政局穩固之後，又害怕眾位將領如法炮製，威脅到自己的地位，便使出過河拆橋的手段，不但用杯酒釋掉部下手中的兵權，還想盡辦法榨乾他們身邊的錢財，讓他們叛變的實力減到最低。

以下就是趙匡胤的經典傑作之一。

宋太祖趙匡胤陳橋兵變、黃袍加身後，說過一句膾炙人口的名言：「臥榻之側，豈容他人酣睡？」

他建立宋朝江山之後，先用杯酒釋兵權的方法，削奪了各州節度使的兵權，但是後來又擔心他們留在身邊的錢財過多，尚有招兵買馬的實力，便找藉口告訴他們說，既然解甲歸田了，就要好好享受人生，硬給他們每人修建了一座華麗豪宅，每座住宅都耗費了數萬兩黃金。羊毛出在羊身上，這些錢當然由節度使們自行支付。

接著，趙匡胤又藉口要和昔日戰友敘敘舊，設局邀請他們到皇宮赴宴。結果，當晚眾節度使都喝得酩酊大醉，不省人事，趙匡胤於是找人傳令，叫他們的家人前來將他們攙扶回家。

趙匡胤客客氣氣送他們到殿門之時，煞有其事地對這些將領的家人說：「你們的父兄在宴飲的時候，都答應要捐出十萬貫錢給朝廷，我怕他們酒醉後忘了這件事，

你們可得提醒提醒他們。」

後來，諸位節度使酒醒以後，便詢問他們是怎麼回家的，在皇上面前有沒有失禮的舉止。

他們的子弟都回答說：「失禮倒是沒有，不過皇上說，你們都答應要捐十萬貫錢給朝廷。」

這些將領們聽了莫不大吃一驚，但是繼而一想，覺得自己喝醉以後，搞不好眞的說過這番話，不然皇上怎麼會這麼說呢？要是不快點把錢捐出，恐怕會惹皇上生氣。

第二天，諸位節度使雖然心裡極不情願，但是爲了保住腦袋，都如數捐出了十萬貫銅錢。

你必須具備的應對智慧

莎士比亞在《奧賽羅》中說：「遭小偷的人，要是不知道小偷偷走了什麼東西，別人也不讓他知道，他就會感覺自己並沒有任何損失。」

趙匡胤可以說是中國歷史上數一數二的厚黑高手，不但心思纖細縝密，騙人的招數出神入化，連「偷東西」的功夫也毫不含糊，偷東西偷到這種境界，簡直可以稱爲「神偷」。

不過，話說回來，他也是中國開國君主中最溫和善良的，懂得運用巧妙的手腕逼退那些戰功彪炳的元勳，讓彼此相安無事。這種手段至少比大肆誅殺功臣好上許多，値得想甩開人情包袱的人效法。

如果你利用別人替自己打天下，事成之後想要過河拆橋，一定要先設想可能的負面影響，而且，過程中必須留意自己的處理技巧，如此才不會引起激烈反彈，導致弄巧成拙。

為什麼你要不好意思？

詩人克雷洛夫說：「一個真正的天才，能蔑視世人的毀譽，他們天生的特長，使得批評家啞口無言。」

日本心理學家德田虎雄在《產生奇蹟的行動哲學》中，告訴我們一個鍛鍊堅強性格的方法：「為了像一個真正的人那樣生活，就要有自己的奮鬥目標，並為了達到目標而徹底改變自己。」

這是因爲，想要達到自己的終極目標，就要有不顧一切奮力向前的積極精神，一旦找出明確可行的奮鬥目標，人的精神狀態就會在無形之中有所改變。精神狀態變得積極昂揚，人的性格也會徹底改變。

日本明治維新時代的大思想家福澤諭吉，年輕的時候以行徑荒誕不經著名。他經常假冒警察到戲院看霸王戲，一看到婚喪筵席便毫不客氣坐下來大吃一頓，遇到救火場面，還會假冒英勇救災的消防員，臉不紅氣不喘地接受商家的慰勞和餽贈。

福澤諭吉出身舊式士族家庭，但他從不理會什麼「士族的體面」這回事。當時，維新政府推動廢藩運動，士族地位日趨沒落，但仍然相當重視體面，保留著許多繁文縟節，譬如絕不能自己親自外出買東西，因爲拋頭露面有損士族的尊嚴，所以這類雜事必須交由僕人來做。

但是，當時一些低階的士族已經沒有財力養活僕人，要買東西只有自己跑腿，在顧及顏面的情況下，只有等到晚上，街上行人稀疏的時候，用方巾包住臉部，然後躡手躡腳地出去買。

然而，福澤諭吉卻從不避人耳目，經常在大白天拿著酒瓶跑到酒舖買酒，同伴們看不慣他老是敗壞士族顏面，就數落他說：「你好歹也顧一些我們士族的顏面吧！大白天拿著酒瓶跑到酒舖買酒，成什麼體統？你難道一點都不覺得不好意思嗎？」

但是，福澤諭吉卻不以爲然地表示：「我爲什麼要不好意思？」

他反唇相譏說：「如今士族的地位已經大不如前了，以往的副業現在已變成謀生的本業，所以不要老是以爲我們是士族而自鳴得意，其實，如今的我們境遇和尋常百姓又有什麼不同呢？」

福澤諭吉之所以會有這麼大的轉變，是有原因的。

有一天晚上，福澤諭吉走在一條空曠無人的道路上，對面忽然出現了一個人，因爲當時社會動盪不安，夜晚常常發生強盜殺人案件，所以他發現這個人後，心中大吃一驚，以爲對方是個強盜。

他原想逃走，但是武士道精神卻不容許他這麼做，因爲，逃跑保全生命，對武士而言無異是奇恥大辱，於是他硬著頭皮，額上直冒冷汗，表面上卻仍挺胸大步向前行走。

他直覺地感到，對方也正注意著他，於是就在擦身而過的剎那，忽然飛快地拔腿狂奔，直到一段距離之後，才停下來回頭觀望，卻發現對方也和自己一樣飛奔，這才明白，原來對方也把他誤認爲強盜了！

自從這件事以後，福澤諭吉的想法便徹底改變，跳脫了虛榮的桎梏，後來創辦慶應大學，成爲一代思想宗師，至今肖像仍留在日本鈔票上。

福澤諭吉告誡後人說，既然是人，就應該想到擁有生命才能擁有一切，因爲害怕而拔腿狂奔是極自然的現象，根本不是什麼丟臉的事，如果爲了顧及顏面，萬一喪失生命，那才眞是迂腐的行爲呢！

你必須具備的應對智慧

俄國詩人克雷洛夫說：「一個真正的天才，能蔑視世人的毀譽，他們天生的特長，使得批評家啞口無言。」

福澤諭吉的故事告訴我們，不論是覺得失戀很丟臉、做錯事很丟臉，甚至因害怕而逃避現實也是很丟臉的……這些都是錯誤的想法。

任何人都難以避免地會遭到失戀、失敗的打擊，也很可能一念之差做錯事，或是藉著某種形式逃避可怕的現實壓力，一切原本都是自然現象，又有什麼好羞恥的呢？

和作姦犯科、犯下滔天大罪相比，這些芝麻細事情根本沒有什麼大不了，何必覺得難爲情呢？假如你終日爲了這些細事患得患失，那麼，你就會變成一個神經衰弱，或者卑微懦弱的人。

如果你能從現在開始改變自己的態度，鍛鍊自己的臉皮，心胸就會更加開闊，見地也才會愈加成熟，才能優游自在地過自己的人生。

喂，你趕快來騙我啊！

面對顯而易見的騙局，我們通常都能輕易地識破。但是，一旦你自認遠比別人聰明而得意忘形時，你就會墜入另一個圈套之中。

荷蘭思想家史賓諾莎說：「誠實的人向來討厭虛偽，而虛偽的人卻常常以誠實的面目出現。」

確實如此，誠實有時候只是虛僞的另一種寫法。

當別人有心存心要欺騙你的時候，你一定要提高警覺，因爲，這時候他們往往以誠實、謙卑的面貌出現，然後使用巧妙的伎倆遂行騙術，讓你被騙了還渾然不自知。

古時候，有一個文人叫朱古民，以行事機智幽默聞名。

有一年冬天，他到一位湯姓文人家中拜訪，兩人坐在火爐前天南地北地閒聊。聊著聊著，湯姓文人嫉妒朱古民享有盛名，不以爲然地說：「別人常常誇獎你聰明機智，我偏偏不信我的才華智慧會輸給你，這樣子吧，我坐在屋內，如果你有辦法把我騙到屋外去，我就甘拜下風。」

朱古民想了一下，面有難色地回答說：「老兄，這未免太困難了吧？屋外颳風下雪，天氣那麼寒冷，而且你心裡已經打定主意不讓我騙，就算我用盡各種法子，你也必定不肯走出屋外。不如這樣，我們換種比較容易的方式，你先到屋外，我用室內的溫暖來引誘你，這樣子，你一定很快就會被我騙進來。」

湯姓文人聽後，不疑有詐，笑著說：「哼，你想騙我，哪有這麼簡單?!我就走到屋外，看你有什麼本事騙我進來！」

湯姓文人隨即得意洋洋地走到屋外，然後對屋內的朱古民高聲喊道：「喂，我已經到屋外了，你現在趕快騙我到屋內吧！」

朱古民看了湯姓文人在風雪中凍得發抖的模樣，拍手笑道：「湯兄，我何必再騙你呢？我早已經把你騙到屋外了。」

你必須具備的應對智慧

話說得越悅耳動聽、越合情合理，越必須反覆斟酌其中是否有詐。

因為，語言只不過是一種工具，有時用來表達真實意見，有時用來隱藏見不得人的心思，要是不細心推敲，就容易被表面現象欺騙。

面對顯而易見的騙局，我們通常都能輕易地識破。但是，人性是狡詐的，一旦你掉以輕心，自認遠比別人聰明而得意忘形時，你就會墜入另一個圈套之中，正像故事中的湯姓文人，自己都已經被騙到屋外了，卻渾然不知，還高聲喊著要別人把他騙到屋內。

4. 你也可以光明正大說謊話

「弄假成真」的手段並不高明，也不夠高尚，但是，這在爾虞我詐的社會中，在政治的競技場上，能夠正大光明的又有幾個？

拍拍馬屁，做事會更順利

如果你可以懂得恭維的技巧，並且更進一步看穿他人恭維背後的真正意圖，不管面對何種情況，幾乎可以無往不利！

格朗熱曾說：「我們明知諂媚是毒藥，但它的芬芳仍使我們陶醉。」

擅長諂媚的人，永遠瞭解對方的需要是什麼，懂得拍馬屁的人，永遠知道如何用「舌頭」幫助自己度過眼前的難關。因此，當他們讚揚別人的時候，往往可以把馬屁拍到對方的心坎裡，讓對方樂不可支，卸掉原本的敵對情緒，把危機變成轉機。

從這個角度而言，只要不暗藏從背後捅人一刀的企圖，並且用得適時適度，拍人馬屁並不一定是壞事。

不知道你想過沒有，有的時候，適當讓對手有掌握全局的感覺，給他點甜頭嘗嘗，或許對自己來說，未必不是一件好事！

明朝有位翰林叫做陳全，向來十分幽默。有一次，他不小心誤入禁宮，結果被太監中貴發現了。

陳全趕忙告訴中貴，自己是因爲一時疏忽誤入禁宮，希望他睜一隻眼、閉一隻眼，饒他一回。

中貴想了想之後，便對他說：「我聽說你很擅長說笑話，這樣好了，你就說一個字，如果可以讓我笑，這次我就放過你，不然的話，我就向上頭呈報，把你給斬了。」

陳全低著頭想了一下，之後便說了一個字：「屁。」

中貴覺得很奇怪，便問他作何解釋，陳全於是回答：「放也由公公，不放也由公公。」

中貴聽了大笑不止，便依照約定把他給放了。

你必須具備的應對智慧

陳全無疑是個洞悉人性心理的高手，這一招「放也由公公，不放也由公公」不但幽默風趣，言語之間也讓對方充分感受到「翰林不過是個屁，生殺大權操之在我」的優越感。

不論做人或做事，很多時候身段要放軟。如果什麼事情都要弄得異常緊張、搞得像是兩邊對抗、四面楚歌、互擂戰鼓、敵意十足，非得殺個你死我活不可，通常只會給自己多樹敵人、自尋煩惱而已。

愛爾蘭有句話說：「恭維不用花錢，但是絕大多數的人卻不自覺地向恭維者付出巨款。」其實正是這個道理。讓對方覺得自己可以很大方、很大氣，那麼他也不會對我們太斤斤計較了。

給對方一句「讓你做主」的訊息，抬高他的地位，讓他得意一下，通常對方也會樂得大方，不與我們爲難。畢竟，這就是人的天性呀。

不過，要是立場互換，你可要注意，別被他人幾句恭維迷了心竅，忘了東西南北了。

羅曼．羅蘭曾經寫道：「今天的捧場，就是明天的誹謗。」

口蜜腹劍的行爲之所以令人不齒，是因爲這種人習慣用「舌頭」掩護準備背後暗算別人的「拳頭」。

所謂知己知彼，百戰百勝。如果你可以懂得恭維的技巧，並且更進一步看穿他人恭維背後的眞正意圖，那麼不管面對何種狀況，幾乎可以無往不利！

說話前，先用用大腦

每個人的口，就像身上帶著的一把屠刀、一束鮮花，端看你要獻給對方哪一個，是要用話語讓他人快樂，還是讓他人痛苦。

清代的文士申居隕曾經這麼說：「一言之善，亦足以作福；一言之戾，亦足以傷和。」

確實，讓別人和氣或生氣，往往就在一言之間，我們怎麼能不小心留意自己所說的每一句話呢？

話說，紀曉嵐有天和一幫朋友在街上閒逛。

因爲閒來無事，紀曉嵐於是對朋友說：「看見那間店裡的老闆娘沒有？跟你們打賭，我能說一個字讓她笑，還能再用一個字讓她鬧！」

朋友問：「你認識她嗎？」

紀曉嵐答道：「不認識，不過這沒有什麼差別，你們信不信？」

朋友們沒有一個人相信，於是雙方便打賭，以一桌酒席爲賭注。

只見紀曉嵐整理好衣衫，走到店門口，恭恭敬敬地對著看店的狗行了一個禮，叫道：「爹！」

老闆娘聞言愣了一下，接著就捂著嘴笑起來。哪知紀曉嵐緊接著走進店，對老闆娘也行了一個禮，並喊道：「娘！」

想當然爾，最後紀曉嵐輕鬆地贏了一桌酒席。

你必須具備的應對智慧

一個字可以讓人開懷歡笑，也可以讓人生氣不已，這就是語言的力量。

你是不是曾經後悔過去對別人說過的一些話？是否曾經因爲一句話，讓你與對方再也無法回到從前的關係？又或者，你是不是也曾經被別人的一句話刺傷，至今想來，心裡仍會隱隱作痛？

一句話能讓人雀躍不已，彷彿置身天堂；也能讓人飽受煎熬，活像是下了地獄般痛苦。

每個人的口，就像身上帶著的一把屠刀、一束鮮花，端看你要獻給對方哪一個，是要用話語讓他人快樂，還是讓他人痛苦。

想要在現實生活中持盈保泰，必須冷靜而心思細膩，如此才能培養深謀遠慮的智慧，像狡兔一樣預做應變措施。

千萬不要大剌剌地暴露自己的心思，也不要自以爲高人一等而逞口舌之快，免得招來無妄之災。

責備，不一定要暴跳如雷

如果只看得見別人的缺點，只會直指別人的鼻子大罵不是，那麼只會產生更多的衝突，也是最笨的溝通方式。

法國文豪巴爾札克曾說：「人總是喜歡在別人面前炫燿自己，自己原本一無所有，卻要處處裝出什麼都有的樣子。」

這種傾向以小人最明顯，小人最常炫燿的除了財富、地位、名聲之外，就是「高尚的品德」，只不過，這樣東西實際上是他們最欠缺的。

儘管許多勵志作家都教導我們，爲人處世應該以寬容爲本，但是，面對一些厚顏無恥的行徑，寬容過了頭就會變成縱容，只會使小人的氣焰更加囂張。

如果你實在看不下去，又何妨想想法子挫挫小人的銳氣？

四〇年代，美國色情工業方興未艾，有些唯利是圖的好萊塢製片商爲了追逐金錢，開始大量製作色情電影，並高價徵求色情劇本。

當時，有個製片商在徵求劇本時，提出了四個要求：「一要有宗教色彩，二要有貴族氣息，三要有性愛場面，四故事要令人驚愕」。

有位著名的劇作家聽到消息後，認爲此風不可長，爲了要調侃這位製片商，便照著他的要求，一個晚上就把劇本完成了，並且第二天一早就送去給那位製片商。製片商收到「名家之作」非常高興，但是，看完劇本之後，卻大罵這個編劇：「你是存心來找碴的嗎？」

原來，劇作家送來的劇本只有一句話，這句話是：「『上帝啊！』公爵夫人高聲喊道：『快把你的手從我的大腿上拿開』。」

這位幽默的劇作家，笑嘻嘻地對著火冒三丈的製片商解釋道：「親愛的先生，您不是公開聲明說要符合您提出的四個要求嗎？那麼『上帝啊』，難道不算宗教色彩嗎？『高聲叫喊的公爵夫人』，不也富有濃厚的貴族色彩嗎？『快把你的手從我的大腿上拿開』，您瞧，有隻手已經放在公爵夫人的腿上，這不正是性愛的場景嗎？如果您的精神還正常的話，從整句台詞的語氣上來看，相信您一定感覺非常驚愕吧？如此一來，您所要求的四個標準，在這個劇本裡不是都具備了嗎？」

被戲弄的製片商聽了這話，氣得面紅耳赤，卻也只能無言以對地看著劇作家大搖大擺地離開。

你必須具備的應對智慧

英國作家赫胥黎曾經寫道：「人生最大的悲哀，就是純真的想法，往往被醜陋的事實所扼殺。」

人是最擅長偽裝的動物，現實生活中道貌岸然的小人很多，如果你不想老是受他們宰割，那麼就得放聰明一點，透過適當的方式加以反擊。

病態的社會是小人滋長的溫床，在過度追逐名利的情況下，往往會造成許多錯誤、不良的社會風氣，以及扭曲的價值觀。

聰明的劇作家以極其諷刺的方法，撰寫了一個絕妙的劇本，藉以突顯色情電影業者在追逐金錢時的厚顏無恥，雖沒有和製片商正面衝突，卻以更直接地方式，給予同製片商一個無形的教訓。

同時，這個劇作家也提供了一個絕佳的溝通技巧。

人與人之間的相處，需要的是多點心思、多點溝通，如果只看得見別人的缺點，只會直指別人的鼻子大罵不是，那麼只會產生更多的衝突，招來更多報復，這也是最笨的溝通方式。

學學劇作家吧！嘲諷式的幽默，反而更能一針見血，讓小人深省。

不要讓對方有推諉的機會

導引對方將心比心，如此一來，便能技巧地讓對方無從推諉，也就輕鬆地將問題解決了。

英國作家湯馬斯．富勒曾經寫道：「對別人始終處於信任狀態的人，是小人最喜歡算計的對象。」

因此，在這個小人無孔不入的年代，如果你不想被小人暗算，就千萬別濫用自己的信任，如此，才能不讓小人有機可乘。

人際應變智慧的精髓在於隱藏自己的心思，使別人無法識破自己的眞正意圖，遇到危機更要懂得借力使力，爲自己謀得更有力的契機。

做人要聰明，做事要精明

日本有一家中小企業的總經理要求某家客戶準時付清帳款時，對方卻推說資金吃緊，希望能延期付款。這對總經理來說，這實在是一件頭疼的問題，因爲這次若拿不到貨款，公司將無法付出員工們的薪資，所以非得拒絕他的請求才行。

這位總經理想了想，向對方說：「我知道，貴公司多年來一直都經營有方，這次會遇上資金吃緊，相信是銀行的問題吧！說眞的，最近的銀行似乎一點也不願意支援企業。」

他這麼一說，似乎正中對方的下懷，這位客戶開始大發怨氣，怒斥銀行，於是這個精明的總經理也附和著對方的口氣，跟著也痛罵了銀行一番。就這樣，兩個人把銀行視爲共同敵人，互吐積憤。

最後，這位總經理拍了拍客戶的肩膀說：「誠如你所言，現在的銀行實在太不像話了，因此，到了付款的日期仍然要拜託你了。」

這時，客戶仍處在與總經理同仇敵愾的氣氛裡，沒想到對方忽然冒出這麼一句請託，一時間不知道要如何回應，只好點頭答應了。

你必須具備的應對智慧

蒙田曾經寫道：「我說真話，不是看我願說多少，而是看我能說多少。」

面對難纏的小人，爲了不讓自己吃虧，並非所有的眞話都可以在任何時候脫口而出的，一個眞正的說話高手，並不是口若懸河、口才便給的善辯者，而是最能摸清對方心理的的人。

這位總經理與客戶一起抱怨銀行，巧妙地拉近了他與客戶間同仇敵愾的同理心，有了共同的敵人，於是也建立起彼此要相互奧援、扶持的心理。

他從批判共同敵人的議論中找出共識，並且讓對方明白自己的困境，然後悄悄地把話題繞回到雙方的帳款上，導引對方將心比心，不要造成惡性循環。

如此一來，便能技巧性地讓對方無從推諉，也就輕鬆地將問題解決了。

你也可以光明正大說謊話

「弄假成真」的手段並不高明，也不夠高尚，但是，這在爾虞我詐的社會中，在政治的競技場上，能夠正大光明的又有幾個？

莎士比亞在《哈姆雷特》裡說：「人往往用至誠的外表和虔誠的行動，掩飾一顆魔鬼般的內心。」

如果你恨透了週遭那些道貌岸然的僞君子，有時不妨學學下面故事中的評論家，光明正大說個「八卦新聞」，讓他們爲了澄清而疲於奔命。

日本曾經發生一件相當轟動、「弄假成眞」的政治事件。

在一場宴會中，有位政治評論家突然站起來說：「我現在要說的事，並沒有事實根據……」接著，他爆料說出了一件足以令某位政治家結束政治生涯的訊息。

雖然這位評論家已申明，這件事並沒有事實根據，但是這個消息卻讓在座的所有人都認爲，這件事一定是眞的。

不久，媒體大肆報導了這則消息，那位政治家看了報導之後，便氣沖沖地立刻趕去興師問罪。評論家在道歉後，無奈地說：「我曾經事先聲明，這件事並沒有確實的根據，這點當天在場人士都可以作證。」

這位政治家聽了這番說詞，儘管對他恨得牙癢癢的，卻也無可奈何，只好悻悻然地離開了。

你必須具備的應對智慧

馬克吐溫曾說：「你必須找到事實，接著你怎麼扭曲它都行。」

在這個巧詐勝於雄辯的社會上，有些人爲了達到目的，往往會在看似眞實的基礎下，發出虛假的言論，讓人防不勝防。

這個評論家利用群衆習於偷窺、猜疑的好奇心理，雖然事先已經表明他所說的「小道消息」沒有事實根據了，但是，以他的身份地位，加上這種「此地無銀三百兩」的說話方式，反而更讓人信以爲眞。

所以，這位政治家在這場「弄假成眞」的遊戲裡，其政治生涯自然受到了影響，也造成一定程度的傷害。

雖然這種惡意中傷的手段並不高明，也不夠高尚，但是，這在爾虞我詐的社會中，在權謀機詐處處可見的政治競技場上，能夠正大光明的又有幾個？

如何讓難纏的人心軟？

無私的愛心之所以能打動人，是因為其中包函了真心和誠心，不管是多麼鐵石心腸的人，遇上了這麼一個溫柔的愛心，想不心軟也難！

日本當代作家池田大作在《青春寄語》一書中說：「即使開始懷有敵意的人，只要抱著真實和誠意去接觸，就一定能換來好意。」

確實如此，天底下沒有融化不了的寒冰，只有不懂得如何用眞心去融化，卻一味想投機取巧的人。

想在人性叢林獲得成功，不光有能力、肯努力就能達到，必須明確洞悉自己遭遇的對手，也明瞭自己面臨什麼狀況，並且用最正確的方法面對。

二次大戰後，日本有一位叫市村的地產商人，在銀座看中了一塊土地，想要買下來改建成商業大樓，但是，這塊土地的所有人，卻是一位非常頑固的老太太。爲了購買這塊土地，市村來來回回地走了好幾百趟，但都無法成功地說服老太太。因爲，老太太說那是祖上留下來的產業，絕對不能出售。

但是，市村一點也不死心，只要一有空閒，幾乎天天都會前去找這個老太太溝通。有一次，在一個下著大風雪的日子裡，市村再度前去拜訪老太太，請求她出讓這塊土地，但仍然被老太太拒絕。

誰知，第二天，老太太卻意外地出現在市村的事務所，而且表情十分愉悅。市村高興地請她入座，老太太說：「市村先生，今天我原本是來做最後一次拒絕的，不過，剛剛發生了一件事情，使我臨時改變了主意。」

市村一聽，完全摸不著頭緒，正想開口問時，老太太接著說：「市村先生，那塊土地我願意讓給你。」

「啊？」市村聽了，驚訝得說不出話來。

原來，這個難纏的老太太轉了好幾次車，才找到市村的事務所，途中她曾經向許多人問路，但大數人都對她愛理不理。當老太太身心都感到十分疲憊的時候，終於找到了市村的事務所，她一推開事務所大門，便聽到一位女職員很溫柔的說：「請進。」

而且，這個女孩不但沒嫌她髒，還脫下自己腳上的拖鞋，請老太太穿上，並親切地扶她上樓。因爲這名女職員親切的態度，像是孝順的女兒對待母親一樣，使得老太太深受感動。

戰後的日本，人心冷漠，大家只顧著自掃門前雪，有愛心、能體貼別人的人已經很難得見到了。如今，卻在市區的一個小角落裡，遇到這麼好心的女孩，當然讓老太太大爲感動了！

一個市村多次奔走、懇求都無法解決的難題，只因爲一份小小的愛心，竟然令頑石立刻點頭了。

誠摯待人，就不爲因爲人際難題而傷腦筋，也不會因爲小人就在自己身邊而終日提心吊膽。

無私的愛心之所以能打動人，是因爲其中包函了眞心和誠心，不管是多麼鐵石心腸的人，遇上了這麼一個溫柔的愛心，想不心軟也難！

在邁向現代化的過程中，高樓大廈阻礙了人與人之間的溝通，在爾虞我詐的市場爭奪中，權謀機詐更拉開了彼此的距離，習慣了冷漠環境的我們，對於任何人也都多了道心防。

沒有人是喜歡冷淡的，如果你希望看見善意的微笑，那麼請從自己做起吧！不管對方多麼難纏，很快地，你就會贏得一個溫暖的微笑。

你怎麼待人，別人也會那麼待你

> 隨時心存善念，以誠待人，那麼我們自然會有許多意想不到的驚喜，特別是在你需要幫忙的時候。

成功學大師戴爾．卡內基在《人性的弱點》裡說：「與人交往，待人以至誠，才能換取真摯的友誼。」

以誠待人，是人與人之間交往的根本，唯有如此，在關鍵時刻才能獲得眞摯的幫助，讓自己避開險境。

年輕的鋼鐵大王安德魯．卡內基剛進入公司時，就深得上司史考特的信任，當史考特升任總公司的總務主管後，卡內基也跟著史考特被調派到總公司工作。

但是到了總公司，被安排在史考特底下的員工，卻一點也不願意配合，甚至有人還暗中策劃，準備罷工。

剛到總公司的史考特與卡內基，根本還沒進入狀況，就陷入了孤立無援的情況中，眼看著工廠的氣氛越來越緊張，似乎員工們的罷工行動也正一觸即發。

有一天晚上，卡內基獨自在黑暗中走回宿舍，忽然有個人走近他身邊，低著聲音說：「小聲一點，不要讓別人看見我和你走在一起。你可能不記得我了，我曾經請你幫忙找一份打鐵的工作，當時，你特別為我放下手上的工作，百忙中還幫我找到總公司的這份工作，現在你碰到了麻煩，就讓我來幫忙你吧！」

接著，這個人便拿出了計劃罷工的工人名單給卡內基。

隔天，卡內基把此事告知史考特，史考特便立即採取對策。他以通知那些人去領薪水為名目，讓工人們知道，他們的罷工秘密洩漏了，於是，他們個個都縮回脖子，不再提罷工的事情。

經過這件事，使卡內基深深感覺到，人與人之間的體貼和幫助是多麼可貴，才能在緊要關頭時受到這麼大的幫助。

你必須具備的應對智慧

人與人交往的時候，應當學會適時放寬自己的心境，多爲自己和別人預留一些轉圜空間，凡事抱最好的期望，做最壞的打算，如此，才不會使自己的人生之路腹背受敵，寸步難行。

這則小故事，不是要我們在付出時有所期待，或滿腦子只想著別人的回報，而是要告訴我們，隨時廣結善緣，以誠待人，那麼我們自然會有許多意想不到的驚喜，特別是在你需要幫忙的時候。

不過，也別過度期望別人的回饋，只要記住，你怎麼待人，人們自然也會怎麼待你，那才是正確的與人相處之道！

相信專家，小心變成輸家

別再盲目地聽信「專家」的意見了，否則你很容易變成輸家。唯有經過思考和判斷，才能真正的付出行動。

在這個迷信專家的年代，熟諳人性弱點的小人，往往會處心積慮地塑造自己，以「專家」形象出現在公眾面前，讓無法分辨眞僞的人吃虧上當。

其實，即使最傑出的天才人物，在某些領域中仍舊是寸步難行、愚昧無知的，因此，不要盲目迷信專家的說法。

美國有位心理學家曾經做過一個實驗。開課前，他介紹一位化學家，說是要來和同學們一起研究一個新實驗，他說：「這位就是世界知名的化學家史密特先生，你們今天要配合他做一個試驗。」

於是，這位史密特先生用德語向學生講解，而由那位教師當翻譯。

史密特說，他正在研究某種新發現物質的性能，因爲這種物質擴散得非常快，人們才聞到它的氣味，就立刻消散了，氣味並不持久。但是，一些較過敏的人，在聞到這種氣味後會有輕微的反應，諸如頭暈、噁心……等情況，不過這些症狀很快就會消失，並不會有任何副作用。

史密特說完後，便從皮包裡拿出一個密封的玻璃試管，他說：「現在，只要一打開試管，這種物質便會立即散發出來，你們很快就會聞到氣味了，一聞到氣味的人，請立即舉起手來。」

只見他打開了試管，不一會兒工夫，從第一排到最後一排的學生全都舉起手來，甚至還有人說有自己頭暈的現象。

當實驗結束後，沒想到老師卻對學生們說，所謂具有強烈刺激氣味的物質，其實只不過是普通的蒸餾水而已，至於那位「史密特」先生，也只是該校的一位德語教師，根本不是什麼世界著名的化學家。

你必須具備的應對智慧

從這個實驗中，我們可以獲得一個訊息，那就是人們太過迷信專家了。一遇到專家，就習慣以他們的說詞作爲依據，造成行爲上的盲從，讓自己失去客觀的判斷能力，因此才會被週遭的小人騙得團團轉。

你是不是也習慣當個應聲蟲呢？或是只會人云亦云，一點自主思考和判斷的能力都沒有？

別再盲目地聽信「專家」的意見了，否則你很容易變成輸家。

就算頭銜再多，名聲再響亮，貨眞價實的專家也會有出錯的時候，更何況是那些冒牌的專家呢？唯有經過思考和判斷，才能眞正的付出行動。

別當殺雞取卵的傻瓜

千萬別做出殺雞取卵的傻事，因為，你把別人當成傻瓜，別人也會把你當成傻瓜，到時候傷透腦筋的人，就是你自己。

建立蘇維埃政權的列寧曾說：「為了能夠分析和考察各種狀況，應該在肩膀上長著自己的腦袋。」

當你面臨選擇的時候，應該要有屬於自己的獨立思考方式，方能做出最有利於自己的判斷和抉擇。

有一個少年經常被他的朋友們譏笑、戲弄。

因爲，這些人常拿一枚五分鎳幣和一枚一角銀幣，讓他從中挑選一個，而他總是拿那個面值最小的五分鎳幣，所以大家總是喜歡拿這件事來戲弄他。

後來，有個同情他的小朋友，悄悄指點他說：「我告訴你，那個一角銀幣雖然看起來比較小，但是卻比那個五分鎳幣價值高，你可以買更多的東西呢！所以，以後他們再讓你選的時候，記得要拿那個銀幣啊！」

「可是，如果我拿了那枚銀幣的話，他們以後就不會再給我錢了。」這個看似愚笨的少年回答。

原來，這個少年一點也不笨，他可是比誰都還精明呢！

他之所以要拿鎳幣，是因爲他想讓這個遊戲繼續玩下去，他當然知道銀幣的價值，但是一旦拿了銀幣，這個遊戲肯定就會結束了，所以故意選取鎳幣，才是長遠之計，畢竟小錢累積起來也是很可觀的。

故事裡的小人物，其實正是大智若愚的表現。這個聰明的少年，不以眼前的小利爲滿足，而是以長遠的利益著眼，雖然被人譏笑，受人戲弄，但是他都不以爲意，反而迎人所好，儘管輸了面子，卻贏了銀子。

對各行各業的企業經營者來說，相信從這則小故事裡也能得到啓發，只要捨得放棄眼前利益，努力經營、累積實力，就算目前只是小本經營，將來也能有成爲大企業的一天。

千萬別做出殺雞取卵的傻事，因爲，你把別人當成傻瓜，別人也會把你當成傻瓜，到時候傷透腦筋的人，就是你自己。

5. 提防別人對你進行「道德謀殺」

拿破崙曾說：「暗殺一個人有許多種不同方式，
用手槍、刀劍、毒藥，或是道德上的暗殺。
這些方式的結果是相同的，
只是最後一種更為殘酷。」

提防別人對你進行「道德謀殺」

拿破崙曾說：「暗殺一個人有許多種不同方式，用手槍、刀劍、毒藥，或是道德上的暗殺。這些方式的結果是相同的，只是最後一種更為殘酷。」

日本相撲界強調，想要成爲一個成功的力士，必須堅守「三不」原則。所謂「三不」原則，就是不生病、不受傷、不理會，其中又以「不理會」這條守則最爲重要，就是對於失敗、挫折，以及別人對自己的看法和批評，全都不加以理會。

一個人若是在意別人對自己的批評，就會作繭自縛，凡事先想到是否對自己的聲譽有所損害，而想要表現得更加符合旁人的心意。如此一來，就等於將自己禁閉在虛榮的牢籠中，別人的批評和讚譽，反而會使自己精神層面的成長停頓下來。

因爲設立諾貝爾獎而享譽國際的火藥商亞佛雷得．諾貝爾，曾經是一個惡名昭彰的大奸商，也是一個對別人的批評置若罔聞而獲得成功的典範。

儘管，他尙未聲名遠播之前，法國人對他的批評極爲尖酸刻薄，例如「該死的商人」、「專門搞破壞的惡棍」、「冷血無情的火藥梟」……但是他絲毫不以爲意。

諾貝爾是瑞典人，但是在巴黎住了十八年，從事軍火研發及買賣。

他爲了改良槍砲彈藥等武器，打通關節向法國政府商借了一座靶場，進行各式各樣的試驗。後來，他研發出無煙火藥，想要將專利賣給法國政府狠狠撈一筆，不料法國政府嫌他開價太高，拒不接受，於是，諾貝爾就將專利轉賣給義大利政府。

諾貝爾研製出來的軍火產品，幾乎都在他稱爲「第二故鄉」的法國境內實驗成功，倘若賣給其他國家還情有可原，可是他卻見利忘義，偏偏將無煙火藥賣給法國的死對頭義大利，因此法國人相當憤慨，大罵他是「該死的商人」、「專門搞破壞的惡棍」、「冷血無情的火藥梟」……

對於這些謾罵，諾貝爾根本懶得理會。

後來，他在世界各地設立了許多火藥公司，累積了龐大的財富，便開始積極營造自己的形象。

他拿出一大筆錢創設諾貝爾獎，獲得各國人士的器重，從此搖身變成一個全球聞名的偉大人物，也扭轉了過去大家對他的卑劣印象。

你必須具備的應對智慧

拿破崙曾說過一段膾炙人口的話：「暗殺一個人有許多種不同方式，用手槍、刀劍、毒藥，或是道德上的暗殺。這些方式的結果是相同的，只是最後一種更為殘酷。」

因爲，當你患得患失地面對別人的批評之時，就會失去自由自在的思考能力，無法放手去做自己眞正想做的事，最後就無可避免地淪爲任由別人價值觀念操縱的傀儡。

所謂的批評，常常是一種道德上的謀殺。

所謂的建議，通常也是不負責任的餿主意。

在變動不羈的人生旅程中，必須時時提醒自己「人性本來就很詐」，認清各種包藏禍心的批評與建議，避開可能坑殺自己的陷阱。

諾貝爾的例子足以說明，世人都是趨炎附勢的庸碌之徒，只要你成功了，別人對你的評價自然而然會大爲改觀。

把迷信變成樂觀的思想

法國文豪羅曼羅蘭說：「信仰不是一種學問，而是一種行為，它只有在被實踐的時候才有意義。」

日本名作家三島由紀夫曾經在他的著作《行動學入門》中寫過一段話：「當我們在做一件事情時，總是先訂下一個自認為合情合理的計劃，然後才著手去幹，但是，過程中往往卻被一些事前未曾預料到的力量阻礙，以致於前功盡棄。因此，人們經常感覺到有一股神秘力量環繞在我們的生活圈子裡，左右我們一切的行動。」

確實如此，人總是覺得自己擬定的計劃合情合理、無懈可擊，最後一定能夠成功，但是卻經常受到偶發因素的干擾，以致於計劃進行得不順利，所以，有些人就開始祈求神佛幫助，或者借助神佛的力量穩定軍心。

北宋年間，廣西壯族首領儂智高率眾叛變，據地稱王，名將狄青奉命徵調駐紮在桂林的軍隊前往征討。

由於壯族位於蠻荒瘴癘之地，加上山路險阻難行，軍隊剛剛從桂林出發，兵士們便個個面露疑懼的神情。

狄青知道南方的習俗特別崇拜鬼神，因此經過一處山神廟時，便命令眾士兵暫時歇息，然後恭恭敬敬地在廟前對天告禱說：「這回前去征討壯族，勝敗難料，我在這裡誠心向上蒼祈禱，庇祐我們能夠凱旋歸來。現在，我手中有一百枚銅錢，我把這些錢擲出去，如果全部出現正面，就表示上蒼將庇祐我們大獲全勝。」

左右參將連忙勸告狄青說，萬一銅幣撒出去後不能全部現出正面，恐怕會對士兵產生負面的心理影響。

但是，狄青不聽勸告，在眾目睽睽之下信手一撒，把手上的一百枚銅錢全部擲出去，派人查看的結果，竟然全部都是正面。一時之間，兵士們歡聲雷動，聲音迴盪山谷。

狄青見狀相當高興，接著，又派人拿來一百根鐵釘，將每個銅錢釘住，然後對士兵們說：「等我們凱旋歸來之時，再來取錢謝神。」

後來，狄青果然順利平定壯族之亂，班師返回桂林途中，經過這座山神廟的時候，派人取回了鐵釘、銅錢，士兵們拿起銅錢一看，才發現，錢幣的兩面居然都是正面。

征討壯族之路崎嶇險阻，加上崇山峻嶺中瘴癘之氣瀰漫，導致兵士們疑懼不前，因此，狄青才會拿出事先準備好一百枚「特製」的銅錢，假借鬼神的名義，增強軍隊戰勝的信心，也因此獲得勝利。

你必須具備的應對智慧

三島由紀夫認爲，世界知名的冒險家和政治家當中，有許多人是神秘主義者，他們相信宇宙之中有一種不可思議的力量，可以幫助自己獲得成功，因此面對危險和困難時，他們的心情會鎮定下來，從不安和恐懼中解放出來，進而產生更多對抗障礙的勇氣。

大多數的冒險家或政治人物都相信占卜的神秘力量，有趣的是，他們除了充滿野心、賭性堅強以外，還有一種特殊的現象，那就是只相信對自己有利的預言，不利的部分就完全不相信。

譬如，看手相或是批流年的時候，算命師所說的好話，他們會記得一清二楚，至於那些不利的預測，他們一轉身就全部忘掉了，這樣的迷信可以說是充滿了樂觀的思想。

也許有人會反駁：「只相信好的一半，卻不相信另一半壞的，這不是很矛盾嗎？如果覺得算命不可信，那就不要相信算了。如果相信有利的部分，那麼不利的部分也應該相信才對！」

但是，占卜的奧妙就在這裡——你相信什麼，最後就會得到什麼，一味講求它的科學性，是愚笨至極的行爲，根本不了解占卜的本質。

法國文豪羅曼羅蘭說：「信仰不是一種學問，而是一種行為，它只有在被實踐的時候才有意義。」

遭遇挫折或者困難的時候，我們應該學習狄青激勵士兵的智慧，充滿樂觀進取的思想，讓「樂觀的迷信」變成一股積極的動力，讓自己和週遭的人充滿信心和勇氣。

不要與豺狼共舞

馬基維利在《君王論》裡說：「只有依靠你自己和你自己的能力，才是可靠的、有把握的和持久的。」

墨西哥有句俗諺說：「千萬不要相信豺狼，你給牠一個指頭，牠就會吞掉你整個胳膊。」

世間有太多吃人不吐骨頭的豺狼，但是有的人被名利富貴沖昏了頭，偏偏想與豺狼合謀，試圖設下陷阱誆騙別人，殊不知，最後一個掉入陷阱的往往就是自己，白白成了豺狼的點心。

以下的這個故事，就是我們必須引以爲戒的教訓。

唐代宗時期的名將李抱貞坐鎮潞州之時，由於軍資匱乏，便無所不用其極地四處籌措。當時，潞州有一老和尚德高望重，頗受民眾敬仰，李抱貞便把他請來，恭恭敬敬地說：「目前軍資匱乏，我想借重您的聲望來籌措軍餉，不知可不可以嗎？」

老和尚說：「這沒有不可以的。」

李抱貞便將事先想好的計謀說出：「那就請您向信徒宣佈，您已決定挑選良辰吉日，要在球場焚身升天，請信徒們捐錢做法事。我會在附近挖一條地道，與球場中央相通，等到大火點燃以後，您就悄悄地從地道中爬出，然後對信徒宣稱，西方佛祖要您繼續留在凡間普渡眾生。如此一來，我籌得了軍資，您的威望也會如日中天。」

僧人聽了樂不可支，很高興地接受了這個計劃，於是開始四處宣傳自己即將焚身升天。

隨後，李抱貞便在球場中央堆積柴薪，連續做了七天法事，晝夜香火不斷，誦佛唸經之聲不絕於耳。另外，他也請老和尚進入地道，讓他詳細察看，消除他的心中疑慮。

到了焚身當天，前來觀看的善男信女摩肩擦踵，把球場擠得水洩不通。時辰一到，老和尚身著華麗袈裟登上祭壇，手持香爐，對眾人弘佛說法；李抱貞也率領僚屬到場頂禮膜拜，並率先把自己的俸祿全都捐出。善男信女們見狀，也紛紛捐出自己的財物，施捨的錢財不計其數。

李抱貞斂足了錢財，這才派人點燃堆積的柴薪，並擊鐘唸佛。

但是，就在老和尚想要爬出地道，向信眾展現「神蹟」之時，赫然發現李抱貞暗中派人將地道堵死了。

不一會，老和尚和木柴同時化爲灰燼，李抱貞隨即派人清點財物，全部用馬車載回軍營。

馬基維利在《君王論》裡說：「只有依靠你自己和你自己的能力，才是可靠的、有把握的和持久的。」

要與豺狼共舞，必須先估算一下自己究竟有多少本事，要是自己能力不足，必須依賴別人才能成事，就別貿然嘗試。

千萬不要聽信別人提供的狡詐手段，試圖以此滿足自己虛榮和慾望，否則下場就像故事中貪圖聲譽的老和尚一樣。

呆頭呆腦的老和尚「與豺狼共舞」的結果，白白丟掉自己寶貴的生命，而且恐怕臨死之前，還不敢相信，堂堂一代名將李抱貞竟然會幹出這種「謀財害命」的勾當！

勇敢面對問題才是明智之舉

面對令人難堪的問題時，不要一味想著如何逃避，而要認真思考解決的方法，這才是實際又有效的明智之舉。

蘇格拉底曾說：「當你高興或動怒的時候，儘量緊閉你的嘴巴，免得讓小人有見縫插針的機會。」

因爲，你越能讓小人猜不著你的喜怒哀樂，小人就越會爲了找不到算計你的縫隙，而大傷腦筋。

一九六〇年秋天，蘇聯總書記赫魯雪夫乘著「波羅的海號」軍艦，前往紐約出席聯合國大會。

抵達紐約後，船上有個水兵竟趁機逃跑了，不過赫魯雪夫並不知道這個消息，直到開記者招待會，幾個美國記者用刁難和挑釁的語氣詢問時，他才知道有這麼一件丟臉的事。

赫魯雪夫對此事並不清楚，自然可以避而不談，或以「無可奉告」回應，或推說是記者們編造的謊言。

但是，赫魯雪夫沒有這麼做，反而用詢問的方式，問在場的媒體記者說：「真有這回事嗎？」

確認之後，只見他搖了搖頭，惋惜地說：「這個年輕人怎麼不開口請求幫助？或者來徵求我的意見呢？本來我可以幫助他，至少可以給他一些的錢，可是，現在他卻在你們這兒失蹤了，眞是可惜……」

赫魯雪夫滿臉眞誠的模樣，以及認眞回應的態度，反而讓記者們無話可說，這件事也就這麼結束了，沒有被記者們當作話題加以鼓噪。

人際應對就像一把雙面刃，做人做事的各項技巧掌握得好，不愁做事得不到成效；掌握得不好，則必定難逃腹背受敵、遭人算計的下場。

面對美國記者的挑釁，赫魯雪夫稍有不慎就會被攻擊得體無完膚。他很有技巧地換了一種方式回應，不僅展現了自己的元首氣度，更乾淨俐落地堵住了任何想藉此大做文章的媒體記者的嘴。

面對令人難堪的問題時，不要一味想著如何逃避，而要認真思考解決的方法，這才是實際又有效的明智之舉。

否則在人們猜疑和好奇心的驅使下，反而容易把問題的焦點模糊，甚至被有心人刻意栽贓或製造事端，使自己在尚未得到公平審判前，便被宣佈死刑了。

「沽名釣譽」有什麼不好？

假如你覺得自己懷才不遇，想要改變現狀，不妨學習陳子昂「沽名釣譽」的方法，努力為自己創造機會吧！

法國思想家狄羅德說：「沒有目標，就做不成任何事；目標渺小的人，就做不成任何大事。」

人必須抱持著樂觀的態度積極求勝，想要使自己出人頭地，心中必須存有絕對不輸給別人的信念。

只要設定目標就會產生自信，一旦有了自信，就能適應社會的變化無常，過著樂觀奮鬥的生活。

唐朝初年的大詩人陳子昂曾經寫過「前不見古人，後不見來者；念天地之悠悠，獨愴然而涙下」的千古名句，但是，他剛從家鄉四川風塵僕僕到京師長安謀發展之時，並沒有多大名氣，因此整天苦思良策，覓尋能讓自己一舉成名的「終南捷徑」。

有一天，他經過市集，見到有個賣胡琴的人，聲稱他的琴是上古留傳下來的罕見珍品，價值百萬，圍在一旁觀看的富豪顯貴們競相傳閱，但是卻無人能夠分辨眞假。

這時，陳子昂突然從人群中昂然走出，對左右侍從說：「用車子拉一千貫銅錢來，將這把琴買下。」

眾人見到陳子昂出手如此闊氣，都感到驚奇，紛紛上前詢問他爲什麼連看都不看就把胡琴買下。

陳子昂回答道：「這是因爲，我對彈奏胡琴很在行。」

有人開口問說：「喔？那我們可以欣賞一下你的琴藝嗎？」

陳子昂回說：「沒問題，明天你們可到寒舍來。」

第二天，許多人按照約定時間來到陳子昂的住處，只見那裡早已備好酒菜，胡琴則放在桌前。

大家吃完飯後，便起鬨要求陳子昂彈奏胡琴，陳子昂手抱胡琴說道：「蜀人陳子昂，著有文章百卷，風塵僕僕來到京城，但卻鮮爲人知。演奏胡琴乃是低賤的樂工所爲之事，不值一哂！」

說完，陳子昂便將胡琴摔在地上，霎時胡琴支離破碎。接著，陳子昂便把自己刻印好的文章取出贈送給前來湊熱鬧的人。眾人讀了，嘖嘖稱奇，一天之內，陳子昂就譽滿京城。

你必須具備的應對智慧

狄摩西尼曾說：「沒有做法的想法，只是廉價和空洞的想法。」

確實如此，不論你有多麼了不起的想法，如果不敢厚著臉皮努力將它實現，那麼這種「想法」，充其量只是毫無任何價値的空想。

一個人想要成功，除了要擁有別人沒有的想法之外，最重要的是必須具備將想法付諸實現的做法。

唐代文風鼎盛，只要有文采，都能獲得傳頌讚揚。陳子昂利用胡琴施出奇計「沽名釣譽」，果然聲名大振。

有句諺語提醒我們：「人既要有一步登天的雄心壯志，也要有步步為營的踏實態度。」假如你覺得自己懷才不遇，想要改變現狀，不妨學習陳子昂「沽名釣譽」的方法，努力爲自己創造機會吧！

別說自己沒辦法，路是人走出來的，辦法也是人想出來的，只要你想要成名的慾望夠強，就一定可以跨越障礙。

如果你厭倦了思想呆板、毫無創意的自己，不妨將以往陳舊的慣性思考模式拋開，重新尋找一些新的思考方法：經過訓練之後，你的潛意識就會朝著新的思考方向發揮作用，一個嶄新的自我自然會應運而生。

用機智化解自己的尷尬

要過著愉快的生活，就必須讓自己的臉皮厚一點，鼓起勇氣面對現實，有時不妨對別人的嘲弄還以顏色。

烏納穆諾在《生命的悲劇意識》中說：「一個人或一個民族，所能達到的最高程度的英勇氣概，就是知道如何面對嘲諷。」

倘使你遇到類似以下故事中的狀況，被人當衆揶揄嘲弄，但是又不能當場發作的時候，應該怎麼辦呢？

也許，你只能效法三國名人諸葛恪的行事方法，設法用機智來化解尷尬，用幽默來鍛鍊自己的臉皮，然後想盡辦法順手牽羊，讓對方因爲逞口舌之快而損失一些利益。

諸葛恪是三國時代東吳名臣諸葛瑾的長子，從小就有神童的美譽。諸葛瑾，字子瑜，是諸葛亮的大哥，由於他的臉長得很長，經常成爲別人取笑、調侃的話題。

有一次，孫權宴請東吳群臣同樂的時候，又想開諸葛瑾的玩笑，於是叫人牽來一頭驢子。驢子牽來之後，孫權笑嘻嘻拿起毛筆，在驢子的臉上寫上「諸葛子瑜」四個字，在場的衆位大臣見到孫權藉驢子揶揄諸葛瑾的臉長得很長，不禁哈哈大笑。

當天，諸葛恪恰巧隨諸葛瑾前去赴宴，見到孫權和衆大臣笑聲不斷，自己的父親卻尷尬得無地自容，立即趨前向孫權跪拜說：「請大王把筆借我一用，讓我添上兩個字。」

孫權想看看號稱神童的諸葛恪要耍什麼花樣，於是便欣然同意，把手中的毛筆遞給了他。

諸葛恪接過毛筆，走到驢子面前，不急不徐地在「諸葛子瑜」下面，添上了「之驢」兩個字。

群臣見狀，又是一場哄笑，紛紛誇讚諸葛恪聰明機智。孫權見狀也樂不可支，於是笑著對諸葛恪說道：「既然是諸葛子瑜之驢，那就讓你爹牽回家去吧！」

就這樣，諸葛恪不僅爲父親打了圓場，化解了尷尬的局面，而且還順手得到了一頭驢。

你必須具備的應對智慧

要過著愉快的生活，就必須讓自己的臉皮厚一點，鼓起勇氣面對現實，有時不妨對別人的嘲弄還以顏色。

但是，究竟要到達什麼程度，才能算是厚臉皮呢？大概就是達到所謂「顛撲不破」的程度吧！

也許，你會覺得自己臉皮太薄，其實這完全是性格和想法的問題，只要稍加鍛鍊，就可以輕鬆改造自己，甚至達到「八風吹不動」的最高境界，完全無視別人的揶揄、嘲諷。

衆所周知，德國「鐵血宰相」俾斯麥具有很強韌的性格以及不屈不撓的精神，但是，很少人知道，少年時代的俾斯麥，其實是個意志非常薄弱的紈褲子弟，簡直就經不起絲毫考驗。

後來，他爲什麼能夠成功地改變自己的軟弱性格，成爲統一德意帝國的風雲人物呢？俾斯麥以自己的經驗強調說：「**人只要能改變習慣性的思考模式，就能改變自己的性格。**」

少年時代的他性格懦弱，就是由於他本身的習慣性思考過於懦弱所致，長大後他具有異於常人的強韌性格，主要是因爲他改變了自己習慣性的思考方法。俾斯麥的例子，證明人的性格是可以改變的，只要你能改變自己的性格，就能優游自在地過自己的人生。

以牙還牙，才是成功的心法

俄國作家赫爾岑說：「人生只有在鬥爭中才有價值，只有受過痛苦，才能領悟人生的價值。」

儘管，許多所謂的「賢人」一再告誡我們，報復是心胸狹隘的，要學會放下，但是，這種一味想要息事寧人的消極想法，只會使壞人更加氣焰高張，好人更加無處容身。

以牙還牙，才是成功的心法。

一個弱者想在現實又勢利的社會生存下去，必須要有這種報復雪恨的態度，這是人生中最積極的能量。

郝克曾經寫道：「做人臉厚，做事心黑，是成功的八字真言。」

成功的秘訣其實很簡單，那就是做人要懂得應該臉厚的時候臉厚，做事要懂得在該心黑的時候就心黑。

殊不見，古今中外你我耳熟能詳的成功人士，哪一個人的臉皮不是比牆壁還要厚，哪一個人的心肝不是比黑炭還要黑，但是，他們卻都能獲得你我連做夢都夢不到的成功。

做人要聰明，做事要精明

越王勾踐被吳王夫差打敗後，困守在會稽山上，不得不派人向夫差求和。夫差志得意滿地接受了勾踐的請求，但是提出苛刻的條件，要勾踐到吳國當夫差的僕人，勾踐礙於情勢，不得不忍辱答應。

勾踐到吳國後，住在山洞裡，每次夫差外出，他就恭恭敬敬地走在前頭爲他牽馬；遇到路上有人故意羞辱謾罵，勾踐也始終低頭不語，表現出一副奴顏婢膝的模樣。

他表面上裝得懦弱無能，暗中卻積極策劃復國雪恨的計劃。

有一次，夫差病了，勾踐聞訊前去探望，爲了表達自己對夫差忠心耿耿，便虛情假意地對夫差說：「我曾跟名醫學過醫道，只要嚐一下病人的糞便，就能知道病情的輕重。」

隨即，勾踐親口嚐了嚐夫差的糞便，然後裝出一副諂媚的模樣對他說：「恭喜大王，剛才我嚐了大王的糞便，味道有點酸有點苦，應該是得了『時氣之症』。得了這種病，很快就會好，請大王不必擔心。」

夫差聽了不禁大受感動，認爲勾踐比自己的兒子還孝順，而且他卑賤到這種程度，必定不會有反叛之心，不久便釋放勾踐回到越國。

回到越國後，勾踐臥薪嚐膽，禮賢下士，招兵買馬，經過十年生聚教訓後，終於報仇雪恥，一舉滅了吳國。

俄國作家赫爾岑說：「人生只有在鬥爭中才有價值，只有受過痛苦，才能領悟人生的價值。」

人如果時常被別人欺負、糟蹋，總會覺得心有不甘而想要報復，這是極爲正常的心理反應。

正因爲心裡存著報復的念頭，人才能激發出奮鬥的動力和目標。一旦受到別人的欺壓、凌辱，而心中卻沒有一絲報復的念頭，將會成爲自卑感的俘虜，不但影響心理的健康，一輩子也只能不斷地向更底層沈淪，永遠也見不到人生的光明遠景。

狡猾虛僞、欺詐殘忍、言行不一是人性的重要特徵，因此，如果你不想繼續受傷害，就必須逼迫自己成爲強者，讓人不敢輕侮。

勾踐臥薪嚐膽的故事提醒我們，當我們處於弱勢的時候，一定咬緊牙關儘量忍耐，等到自己的實力壯大到可以打敗敵人的時候，一定要以其人之道還治其人之身，並且要想盡辦法徹底殲滅他們，絕對不可以手下留情，這是成功的最基本原則。

幻想就能創造奇蹟

俄國作家謝得林說：「要在自己的心中培養對未來的理想，因為理想是一種特殊的陽光，沒有陽光賦予生命的作用，地球會變成石頭。」

古諺有云：「吾心信其可成，則無堅不摧。吾心信其不可成，則反掌折枝之易亦不成。」

只要你心中認爲事情可以成功，那麼，就會以積極的態度面對，計劃實行起來一定得心應手。

相對的，如果猶豫畏縮、意志不堅，認爲無法突破層層難關，那麼事情就可能眞的無法成功了。

孔融當北海國宰相的時候，得知太史慈爲了躲避戰禍帶著母親到了遼東，曾經幾次前去探望，令太史慈感到相當窩心。

後來，太史慈聽說孔融被黃巾賊包圍的消息後，立即從城門缺口處進入北海城中拜見孔融。

孔融請太史慈前去向劉備求救，但是，此時黃巾賊的包圍圈已經十分嚴密，難以突圍出城。

太史慈想了又想，終於心生一計，隨即率領兩名騎士攜帶箭囊，手持弓箭，騎馬出城。由於兩名騎士每人各帶著一百個箭靶，讓民衆大爲驚訝，不知他葫蘆裡賣什麼藥。

太史慈逕自馳至城下的堤塹之內，命令兩名隨從插上箭靶，然後援弓勁射，箭射完之後隨即返回城內。

第二天，太史慈又帶兩名隨從到堤塹之內射箭。這樣一連進行了許多天，圍城的黃巾賊對於他的舉動已經習以爲常，不再費心防備，或坐或臥，甚至還有人倒地而睡。

又過了幾天，太史慈整理好行裝，草草進食以後，跨上坐騎，又馳至城下堤塹之內，突然快馬加鞭，衝出重圍。

等到圍城的黃巾賊發覺以後，太史慈已經奔馳了數里路程，最後他終於向劉備請來援兵，解除了孔融的圍城危機。

你必須具備的應對智慧

事在人爲，只要你具備智慧和勇氣，那麼不論什麼難事都難不倒你；只要你對自己充滿信心，那麼不論任務多艱鉅，你都可以積極完成；如果你懂得審時度勢，那麼再慓悍的敵人也困不住你。

有些心理學家認爲，意志的強弱，其實取決於自我的暗示，因爲大部分意志薄弱的人，往往都是由於心中存有「自己意志薄弱」的觀念，最後終於成爲一個意志不堅強的人。

俄國作家謝得林曾經勉勵意志不堅的人設法改造自己，他說：「要在自己的心中培養對未來的理想，因為理想是一種特殊的陽光，沒有陽光賦予生命的作用，地球會變成石頭。」

只要信心堅強，就會對自己的未來充滿希望，有了希望就能夠找出突圍的方法創造奇蹟，就像太史慈一樣，儘管在黃巾賊嚴密包圍之下，仍然堅定地認爲自己能衝出重圍，最後終於化解危機。

以無所謂的心情面對失敗

松下幸之助曾說過：「即使在經濟不景氣的時候，優秀的商人仍可利用此機會做為發展事業的基礎。」

社會上有些外表衣冠楚楚的人，有時候會出乎我們意料之外的卑鄙，專門背地裡扯人後腿，或是做一些損人利己的勾當，讓別人面臨大大小小的危機，「防人之心不可無」這句話說得一點也不假。

然而，縱使沒有這些像蒼蠅一般揮之不去的小人，危機也同樣會降臨在每個人身上。

不過，危機和機會有時是息息相關的一體兩面，全看你用什麼心態去面對，例如，一家公司的危機，說不定正是擴張業務的最佳機會。因爲，人往往在危險臨頭的時候，才能發揮驚人的爆發力，甚至因此出人頭地。

做人要聰明，做事要精明

日本經營之神松下幸之助曾說過：「即使在經濟不景氣的時候，優秀的商人仍可利用此機會做為發展事業的基礎。」

昭和初期適逢全球性經濟恐慌，日本濱口內閣採取緊縮政策來抑制情況惡化，沒想到反而弄巧成拙，造成物價跌落，工廠產品緊縮，破產的公司不計其數，整個日本商業界都籠罩在經濟不景氣的陰影中搖搖欲墜。

松下電器公司自然也受到不景氣的影響，商品銷路銳減，堆積在倉庫中的貨品一天比一天多，公司高級職員提議以裁減員工、減少產量來緩和危局，但是松下幸之助並沒有進行裁員，僅是減低工廠的生產量，然後再盡全力將倉庫中的存貨銷售出去，以求渡過難關。

半年後，松下公司銷完了所有的存貨，並恢復全天制作業，再度進入全力生產的鼎盛時期。藉著不景氣，松下幸之助反而擴展了他的事業！

你必須具備的應對智慧

人生不可能總是一帆風順，每個人都可能陷入低潮或遭遇失敗，只有遇到逆境之時仍然能保持信心的人，才是眞正具備成功特質的人。

成功的關鍵，永遠掌握在自己手中，只有用樂觀積極態度戰勝負面想法的人，才可能找到開啓入成功大門的鑰匙。

命運的轉變往往是瞬間的事，失敗很可能就是成功的契機，假如一個人不會因爲工作做不好或是遭到失敗而充滿挫折感，膽量自然會越變越大；遭遇困難的時候不再畏縮，成功率也就會相對地提高。

事實上，人假如能不在乎成敗，就會很沈著地勇往直前；以無所謂的心情做事，失敗的機會反而會減少。

6.

提升應變能力，才能逢凶化吉

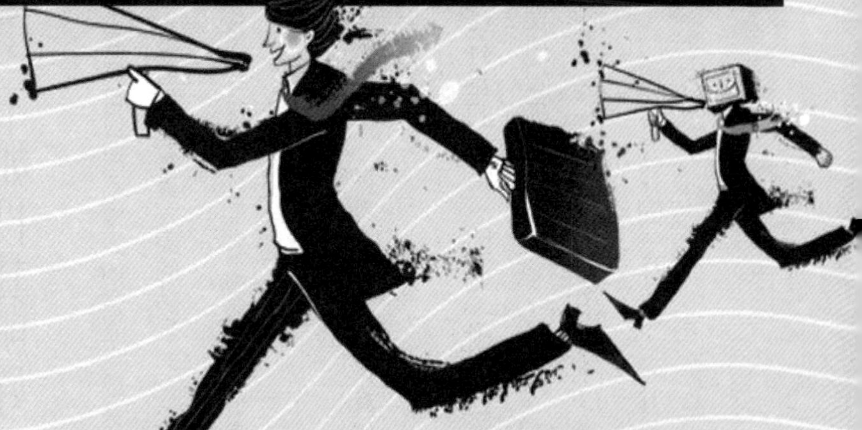

現實生活裡，任何事都可能發生，

許多人習慣以硬碰硬，或以強制的手法來解決事情，

其實，這種方法只會讓事情變得更加棘手而已。

與其強迫威逼，不如投其所好

溝通有很多種方法，我們可以用不傷人的方式，或旁敲側擊的暗喻來表達，只要懂得延伸和變通，事情就能有更完美的結果。

法國哲學家拉布呂耶爾說：「與其令對方服從我們，不如我們附和對方更為便捷而且有益。」

沒有人不喜歡對自己有益的事情，因此，附和對方的喜好，然後找出雙方的共同點，就會使交涉更加便捷，更有益處。

很多時候，與其強迫威逼，不如投其所好來得有效，想要獲得成功，就必須懂得解讀別人的心理需求，明瞭對方要的是什麼，尤其是面對小人，這套心理作戰方式更加重要。

有一次，名作家愛默生爲了把一頭小母牛趕進牛欄，費盡了力氣都無法完成。他的兒子愛德華見狀，便用一隻胳膊摟住牛的脖子，而愛默生則在後面推，沒想到們越用力，小母牛越不願移動。

父子倆爲了這頭母累得面紅耳赤、滿頭是汗，全身都沾滿了牛糞，簡直氣瘋了。這時，有位愛爾蘭小女孩路過，看到這個景象，便在一旁開心地大笑，只見她走了過來，把一個手指伸進小母牛的嘴裡，溫柔地拍著牛背，就這麼輕鬆簡單地讓小母牛乖乖走進了牛欄。

愛默生看到這情景後，陷入了沈思，還把此事記入他的手記中。

另外，有一個關於邁克爾·費羅迪發明第一架電動機的軼聞。

費羅迪發明了電動機後，爲了讓英國首相威廉對他的發明感興趣，並給予支持，

於是帶著原始模型——「一塊磁鐵，上面繞著一些電線」去找首相。

他給首相看了模型的操作，並講解其中深奧的原理，可是，在他解說的時候，首相卻始終提不起興趣。

「使用它有什麼好處呢？」首相不耐煩地問費羅迪。

「當然有好處，有一天，你可以從它的身上增加許多稅收。」這位科學家靈機一動地回答道。首相一聽可以增加許多稅收，馬上對他的發明表示認可，並給予他很大的支持。

你必須具備的應對智慧

我們所遭遇的人，可能比我們想像中正直，也可能比想像中陰險，尚未摸清對方的人格特質與心理需求，就採取直來直往的應對方式，試圖與對方較勁，或者「以理服人」，其實是相當危險的。

結果不是徒勞無功，便是讓自己碰得鼻青臉腫。與其如此，倒不如旁敲側擊，以「投其所好」的方式應對或說服。

想要說服別人，尤其是滿身是牛脾氣的人，就必須先了解他們對什麼事最感興趣，進而順勢引導，才能獲取成功。

其實，以他們最感興趣的事物做誘引，並不是迎合拍馬，而是一種不得不然的溝通技巧，那只是一種輔助的方式，與你的終極目標完全沒有衝突，你的人生方向也絲毫不受影響。

溝通有很多種方法，我們可以用不傷人的方式，或旁敲側擊的暗喻來表達，只要懂得延伸和變通，事情就能有更完美的結果。

不要用情緒解決問題

「以柔克剛」的溝通技巧，不僅讓可能引起對立的情緒消失，更能心平氣和地溝通交談。

德國作家孚希特萬格說：「只有傻子才會對照出自己容貌的鏡子生氣。」這番話告訴我們，面對別人的批評，先按捺住情緒，勇敢檢討自己所有的缺失，才是明智之舉。

千萬不要用情緒解決問題，聰明的人必須根據不同的情勢，採取相應的作戰方針，不管伸縮、進退，都應該進行客觀的評估，如此才能獲得勝利。可別因爲一時沉不住氣，導致自己一敗塗地。

日本知名的心理學者多湖輝先生，就讀大學的時代，曾遇上一位教學非常嚴格的德文教師。

有一次，講課之時，這個德文老師不小心犯了一個錯誤，而發現這個錯誤的，只有多湖輝一個人。

於是，多湖輝爲了讓老師出醜，便直指老師的錯誤，但是老師卻很謙虛地說：「你說得對，能發現這麼重要錯誤的，只有你一個人，其他的同學都沒發現嗎？是不是都在睡覺呢？」

老師誇讚了多湖輝之後，接著說：「這個部份是每個人都很容易出錯的地方，大家要特別注意。」

本來，多湖輝和同學們都認爲，老師會因爲學生的指責而惱羞成怒，沒想到他竟是如此友善，虛心受教，在誇獎多湖輝後，反而讓學生們對老師產生了敬重，更加肯定他的教學，從此也不再批評老師嚴格的教學了。

你必須具備的應對智慧

從多湖輝的這則小故事中，我們學到了另一種「以柔克剛」的溝通技巧，更學到以「謙虛爲懷」化解問題的好處，不僅讓可能引起對立的情緒消失，更能心平氣和地溝通交談。

這正是習慣以情緒解決問題的現代人，所必須學習的技巧。

批評和指責的原因一點也不重要，重要的是，在發現問題後如何改善，並且記得不再犯同樣的錯。

所以，下次若有人不客氣地告訴你：「你知不知道你犯了很大的錯誤」時，別急著動火，先說聲「謝謝」。

相信對手會因爲你的虛心受教，願意提供更多的意見，甚至給予協助，爲彼此創造雙贏的新局。

提升應變能力，才能逢凶化吉

現實生活裡，任何事都可能發生，許多人習慣以硬碰硬，或以強制的手法來解決事情，其實，這種方法只會讓事情變得更加棘手而已。

任何事情都有正反兩面，就像一把刀，如果你抓的是刀刃，最好的事情也會傷害你；如果你抓的是刀柄，那麼最有害的事情也會保護你。

在這個小人橫行的年代，遇到凶險能不能保護自己，讓自己全身而退，關鍵就在於應變能力的強弱。

想要避免突來的災禍，必須多多訓練自己的危機應變能力，學習基本防身術或是研究人性心理，都將有助於提高機警、應變的能力。

一天深夜，有個打算犯罪的男子，在地鐵站盯上了一位婦女。出了車站之後，這名男子一路跟蹤婦人，一直跟到了一個很偏僻的地方。此時夜深人靜，男子見四下無人，便準備伺機對婦女行搶、施暴。只見他加緊了腳步，一下子就趕上了這位婦女，沒想到就在這個時候，婦人突然轉過身來，以十分誠懇的語氣說：「啊，先生，很高興能碰上你，現在夜深人靜，路又黑暗，我一個人要趕路實在很不安全，你可不可以陪我一段路啊！」

婦人拜託這名男子，並且以非常信任的口氣對他提出請求，這個舉動竟讓男子一時間不知所措，只好茫然地點頭答應了。一路上，婦人將他當做是熟識的朋友一般聊天，一點也沒有把他當成歹徒加以防備，這使得原本想犯案的男子，不知不覺地將她送到家門口，並且始終沒有採取任何行動。

事後，這個男子回憶說，他本來是想對她行搶、施暴的，但是因爲她的這個舉動，不僅令他打消了犯罪念頭，更使他恢復了正常的人性，從此他再也沒有動過犯罪的念頭，反而多了份行俠仗義的企圖心！

你必須具備的應對智慧

其實，根據犯罪心理學家的研究，一般罪犯者在心理上比較自卑，往往缺乏信心，對自我價值抱持著否定的態度。這位婦女是以肯定人性的心理戰術，並且機警地運用「以柔克剛」的態度，不僅順利地感化了對方，也爲自己化解了一次危機。

現實生活裡，任何事都可能發生，許多人習慣以硬碰硬，或以強制的手法來解決事情，其實，這種方法只會讓事情變得更加棘手而已。

想在險惡的人性叢林中求生存，聰明的人考慮問題、制定謀略的時候，一定要兼顧利與害。既要充分考慮到有利的方面，同時也要考慮到不利的一面，保持清醒的頭腦，才不會衍生不必要的後遺症。

試著放軟身段吧！不要以卵擊石，而要以柔克剛，如此才能逢凶化吉。

正話反說，就能把事情輕鬆解決

如果我們能從人性的心理著手，以旁敲側擊或是正話反說的方式克服，不僅不會得罪任何人，還能收到很好的功效。

戴爾．卡內基在《人性的弱點》裡說：「太陽能比風更快的脫下你的大衣；風趣幽默的方式，比任何命令更容易改變別人的心意。」

日常生活中，有些人的習慣是無法用強制的方法加以改變的，與其命令，倒不如反其道而行。

在印度，許多婦女都習慣帶著帽子看電影。

可是，這些帽子常常擋住後面觀衆的視線，於是便有員工建議電影院的經理，張貼個公告，禁止她們戴帽子進場。

但是，經理卻搖頭說：「這樣限制的話，恐怕會造成觀衆的流失，我還是必須尊重她們戴帽子的習慣。」

大家聽了之後，都感到十分失望。

不過到了第二天，在影片放映前，這位經理卻在銀幕上播放了一段公告：「本院爲了照顧『衰老有病』的女客人，特別允許她們戴著帽子，即使電影放映時也不必摘下。」

但是，當這串文字從螢幕上一跑出來，所有的女客人立刻都把帽子給摘下來了。

聰明的電影院經理，利用一般人害怕衰老有病的心理，沒有得罪任何客人，輕輕鬆鬆地就把問題解決了。

我們習慣以「限制」或「法令」來強制規範別人的行爲，成效不彰的情況比比皆是，這是因爲大多數人都不喜歡「被約束」的感覺。

如果我們能從人性的心理著手，以旁敲側擊或是正話反說的方式克服，不僅不會得罪任何人，還能收到很好的功效。

遇到那些蠻橫不講理或不遵守規矩的人，大文豪莎士比亞提醒我們：「不要輕易燃起心中的怒火，它燒不了敵人，只會灼傷自己。」

每個人的周遭都有一些讓人難以忍受的人，當你想挺身而出主持公道的時候，千萬不要輕易抓狂，應該暫時忍下心中的憤怒與衝動，如此才能冷靜想出應變知道，輕鬆戰勝這些人。

保持鎮定，你才能脫離險境

開始行動的時候，一般人都會非常專注而仔細，但是，這樣的努力往往持續不到幾分鐘，便慢慢地開始失去了耐性了。

每個人都有個性上的缺點，也有著視野上的盲點，遇到危險的時候，只要你能保持鎮定，掌握這些人性的通病，就能幫助自己脫離險境。

你必須提高應變能力，把自己訓練得像兔子一樣敏捷，像狐狸一樣狡猾，像老虎一樣沉穩而又凶悍。

一八九七年，密謀策動革命的列寧，被俄國沙皇當局逮捕，流放到西伯利亞邊區。到了西伯利亞，列寧仍不放棄革命活動，積極地在各地運作，並和各區革命活動的參與者保持聯繫。

當然，沙皇也沒有放鬆對列寧的監視，不過機警的列寧每次都能巧妙地擺脫險境，而這些機智表現，更加突顯了他的智慧與勇氣。

一八九九年五月二日的晚上，沙皇的憲兵隊突然闖入了列寧的住處進行搜索，遇上這個突如其來的搜查行動，列寧仍從容而鎮定地將椅子遞給憲兵，讓他們有個輔助工具能站上去，方便搜尋櫃子的頂端。

於是，憲兵們都爬上了椅子，開始仔細搜查。剛開始，他們找得非常仔細，但是面對著一疊又一疊的統計資料，他們看得都昏頭腦脹了起來，慢慢地也失去了耐心，一直搜到下面幾格抽屜時，只是隨便地掃了掃，就不再繼續搜索了，最後扔下滿屋子的紙張卡片，一無所獲地離開。

其實，他們都沒料到，只要他們搜查得再仔細一點，馬上就可以找到他們所要的證據了。因爲，列寧最重要的秘密文件和書信，正是放在櫃子最下面的那幾個抽屜裡。

你必須具備的應對智慧

開始行動的時候，一般人都會非常專注而仔細，但是，這樣的努力往往持續不到幾分鐘，便慢慢地開始失去了耐性了。

關於這一點，列寧當然非常清楚，所以他鎮定地轉移憲兵們的注意力，讓那些士兵們開始產生「三分鐘熱度」的效應，使自己躲過這場危險的搜查行動。

換個角度想，我們是否也像這些憲兵一樣，經常是三分鐘熱度？

在這個故事中，除了告訴我們保持鎮定的重要性外，另一個重點，就是做任何事都要堅持、有耐心，只要能多堅持一秒，成功就能與我們更靠近。

遭逢困境或瓶頸之時，必須認清現實，冷靜地分析如何突破，因爲，導致我們失敗的，往往不是困境本身，而是我們面對困境的心理狀態！

眞正聰明的人，總是保持冷靜的心境，讓自己順利突破困境。

嘲弄，也是應付小人的方式

連大學者胡適，都曾被狠狠地被嘲諷了一番，那些總是粗淺學習的人，或老是帶著半調子而自大驕傲的人，更不值一提了。

俄國幽默作家契訶夫曾經說道：「一次絕妙的嘲笑，所起的作用會比十次訓話還大得多呢！」

在某種情況下，嘲諷令人厭惡的小人，不失爲制止他們氣焰的好方法。

不過，嘲諷是相當高深的藝術，只有那些擅長心理作戰的人才能運用自如。他們總是能運用一些特殊的方法，從別人意想不到的角度切入，達到自己想要取得的效果。

有一段時間，胡適對於墨子的學說很感興趣，而且也下了許多功夫研究，自認爲頗有心得。

在一次宴會中，胡適與黃季剛正好坐在一起，一坐下來，便迫不及待對黃季剛大談墨子思想。但是，黃季剛在他說完後，突然大罵道：「現在講墨子的人，都是混帳王八蛋。」

胡適知道黃季剛素有「黃瘋子」的外號，既然話不投機半句多，只好忍住不再多話，對剛剛的事也不作任何回應。

但是，怎料黃季剛竟然繼續罵著：「胡適的父親是混帳王八蛋。」

這下子，個性和順的胡適再也忍不住了，氣憤地對著黃季剛怒斥不該侮辱他的父親。沒想到這會兒，黃季剛卻反而微笑著說：「你不要生氣，我只是要考一考你，你知道墨子講求兼愛，也說他是無父的，但在你心中卻仍有父親，可見你還不是墨子的標準信徒。」

雖然這是一句很粗俗的玩笑話，卻一針見血地說中了胡適對於墨學研究不夠深入的事實。黃季剛的這句玩笑，讓胡適知道所學不夠專精的缺點，用「話中有話」的方式對胡適作指導，如此一來，反而減少了直指缺失時的對立。

你必須具備的應對智慧

這則故事隱藏了兩個不同的意義，一是用玩笑話的解題技巧，另一個則是深入研究的重要性。

尼采說：「凡事一知半解，寧可什麼都不知道。」

連身爲大學者的胡適先生，都曾被黃季剛評定爲研究不夠深入，還被他狠狠地被嘲諷了一番，那些總是粗淺學習的人，或老是帶著半調子而自大驕傲的人，更不值一提了。從這則小故事中，我們不難理解，有時候，適時地加以嘲弄也不失是應付小人的一種方式。

智力會提高成功的機率

不管是在商場上，還是政治爭鬥中，只要你能比別人多用一分智力，那麼你就能比別人多十分的成功機率。

這是一個全球景氣低迷、痛苦指數居高不下，但是又充滿機會的時代，許多人因為經濟環境不斷惡化而過得更差，但是，也有人不斷創新，而在不景氣中逆勢上揚。這種現象說明了一個重點：智力代表著成功的機率。

在人生的各項競爭中，是否具備聰明才智，往往是決定勝負的關鍵。

因此，平常就得經常鍛鍊自己的腦力，讓才智像太陽一樣發光，如此它才可能成為你克敵致勝的秘密武器。

宮本武藏是日本史上最著名的劍俠，不但武藝超群，而且對兵法、禪學及心理學都有相當的研究。因爲他上知天文又下知地理，更懂得舉一反三，將理論落實於生活中靈活運用，所以他總是能在歷次爭鬥中獲得勝利。

像他和佐佐木小次郎在岩流島的決鬥，就充分地顯示出他的作戰技巧。

首先，他和對方約定好決鬥的時間，接著故意遲到二個小時，這麼一來，對手在等待的過程中，便會產生厭惡和急躁的情緒，而導致對手注意力的分散。第二，在準備決鬥之時，宮本武藏刻意選擇了背向大海的位置，如此一來，佐佐木小次郎就正好面對直射過來的陽光，因爲受到陽光的刺激，雙眼便很容易產生疲勞。

而且，聰明又狡猾的宮本武藏站在背對太陽的方向，對於面向太陽的小次郎來說，宮本武藏冷酷的形象便會加大，於是，在戰前的心理交戰中，宮本武藏就已經佔盡了優勢。

佐佐木小次郎在無法充分發揮實力下，便被對手一劍刺死了。

你必須具備的應對智慧

雖然，當時在場監戰的高手都指出，小次郎的戰鬥實力並不比宮本武藏差，甚至比他更強。但是，宮本武藏善於利用天勢、地理等條件，又能掌握對手的心理，自然也就顯得技高一籌了。

真正的高手不會用蠻力迎戰，而會採取以智克人的方式，靠機智獲得最後的勝利。著名的空城計，讓諸葛亮不戰而屈人之兵，順利嚇走司馬懿，不只是一場成功的守城，更是諸葛亮結合了心理戰術，以智取勝的結果。

援用到現實生活中，不管是在商場上，還是政治爭鬥中，只要你能比別人多用一分智力，那麼你就能比別人多十分的成功機率。

現實一點！活在這個腦力競賽的世紀，你唯一能做的，就是審時度勢，運用腦力幫自己達成目的。

別把場面話當成真心話

自己是怎樣的人，我們自己應該最清楚；就算別人一個勁兒的灌迷湯，我們也絕對有不輕信的智慧與權力。

恭維的特色之一，就是「概無差別，一視同仁」地拍馬屁。管你長得像林青霞還是像沈殿霞，在恭維者口中，同樣都是「沉魚落雁」、「閉月羞花」。不管你是不是愚昧昏庸、扶不起的阿斗，在他們口中永遠都是「天縱英才」、「英明果斷的領導者」！

從前，有位太守剛剛走馬上任，一來到縣裡，百姓們一連幾天演戲慶賀，並且有人帶頭呼喊：「全州百姓齊慶賀，災星去了福星來！」

太守一聽，心想，這些縣民把前任太守罵作災星，卻把自己當成福星，這不就表示自己在他們心中評價很高？

想著想著，太守一邊撚鬚微笑，心裡高興極了。

於是他問：「這兩句話說得眞妙，是那位高手想的？」

百姓答道：「這是歷年傳下來的慣例，新太守上任都得這麼喊。等太爺您卸任，新太守上任時，我們還是這麼喊的！」

你必須具備的應對智慧

法國文人列那爾曾經說過：「恭維像輕微的北風一樣令人愉快，但是，它並不能使帆船前進。」

是的，適時的讚美能夠讓我們保持前進的動力，但是過度的諂媚與不負責任的場面話，則會讓人覺得肉麻。

若是對那樣的恭維過於輕信，往往會使我們自滿於現狀而停滯不前，更嚴重者甚至會越來越退步。

英國思想家培根曾說：「謹防鼻子上有瘡卻被恭維為美。」

聽不到事實的眞相，其實是一件最可怕的事。在各種場合裡，難免會聽見許多未必由衷的頌詞與高帽，這個時候切記，這類場面話聽聽就算了，若是信以爲眞，那才是大錯特錯。

說到底，自己是怎樣的人，我們自己應該最清楚；就算別人一個勁兒的灌迷湯，我們也絕對有不輕信的智慧與權力，不是嗎？

答案就在自己的手裡

人生的難題其實並不難，難就難在捏在手中的「鳥兒」，老是被鑽牛角尖的人粗暴地捏死、輕易地放走。

每個人的身邊都有一些小人，像揮之不去的蒼蠅，整天忙著進行損人、害人的卑劣勾當。有的人雖然還稱不上小人，卻喜歡用一些奇奇怪怪的問題刁難別人，讓人煩不勝煩。

面對老是喜歡用問題刁難別人的人，你大可告訴他們：「要想解開人生的種種難題，請努力從自己身上尋找解決的方法吧！別老是依賴別人的答案，因為答案其實已握在你的手中。」

有一個很古老的故事是這樣的：從前有位老智者，不論人們問他什麼問題，他都能給對方一個滿意答案，而且從來沒有出錯過。

有一天，村裡一個聰明的小孩，終於想出了一個難題，準備要考考那位聰明的老人。只見他拿了一隻小鳥，來到老人家住的地方，一進門就笑嘻嘻地問老人說：「你說，我手裡的鳥是活的，還是死的？」

智者沉思了一會兒，回答說：「我的孩子，如果我說這鳥是活的，你肯定會把牠捏死；如果我說牠是死的，你也一定會鬆手讓牠飛走。所以，這個問題的答案，就在你自己的手裡。」

從這個故事裡，不知道你得到了什麼樣的訊息和啓示？

你可以用兩個角度來看，一個是小孩子的，一個是老智者的。

前者所表現的正是多數喜歡自尋煩惱的人，這類人不是喜歡鑽牛角尖，就是只會怨天尤人，總是喜歡用模稜兩可的問題刁難別人，就算答案已明擺在他們的眼前，他們也會吹毛求疵或試圖狡辯。

遇上這些煩人的人，老智者知道多說無益，唯有他們自己省悟了，事情才會得到眞正的解決。

遇到類似的狀況，如果你懂得巧妙應對，不但讓對方無法得逞，更表現出自己的泰然自若，不只替自己解圍，同時也突顯出自己的睿智。

人生的難題其實並不難，難就難在捏在手中的「鳥兒」，老是被鑽牛角尖的人粗暴地捏死、輕易地放走。

7.

口是心非，有什麼不對？

人生本來就充滿了矛盾與不可預知，
況且每個人都有自私的劣根性，
也會面臨一些自己無能為力的境遇，
表裡不一自然在所難免！

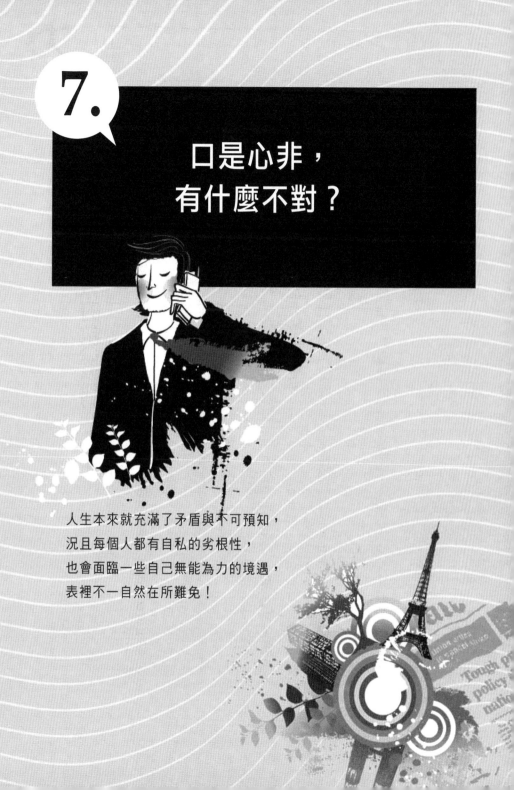

你聞得出成功的契機嗎？

人在衡量利弊得失的時候，通常會受到本身價值觀念的影響，經過一番思慮後才做出決定。

美國名作家歐・亨利曾經在著作中寫道：「人生是由嗚咽、嗅聞和微笑構成的，而在三者之中，嗅聞站在支配的立場。」

這是因爲，唯有嗅聞出成功的契機，人才能決定自己人生要走向何處，面對利害得失之時應該如何取捨。

一個人如果缺乏嗅聞出成功氣味的能力，那麼，他的人生注定是嗚咽居多，而微笑甚少。

某天，丹麥首都哥本哈根市區發生一場交通事故，一輛高級轎車煞車不及，撞倒一個闖紅燈穿越馬路的行人，由於衝撞的力道太大，行人的右腿硬生生被撞斷。

肇事者是哥本哈根當地一家知名啤酒廠的老闆，而被撞斷腿的則是一個遠道而來的日本觀光客。

這個日本觀光客被緊急送進醫院進行手術，事後，啤酒廠的老闆基於道義前去探望，愧疚地說：「很對不起，你遠從日本前來觀光，沒想到竟發生這樣令人遺憾的意外。」

隨後，啤酒廠的老闆詢問了這個日本人的家庭、經濟狀況，得知他單身一個人，而且不久前才辭去工作，到丹麥來旅遊散心。

「這該如何是好呢？以後你怎麼生活？」

這位日本人說：「都是我自己不對，能怪誰呢？不如這樣吧，等我可以走動後，讓我到你的啤酒廠當守衛，混口飯吃，好嗎？」

啤酒廠的老闆見這位日本人生性開朗，並不耍賴要求賠償，心中自然相當高興，趕緊對他說道：「好的，那你就安心養傷吧，等你傷勢好了，就到啤酒廠來上班。」

過了不久，這個日本人傷勢痊癒，就到這家啤酒廠當守衛。

這個日本人言行得體，待人非常謙恭有禮，而且工作之時非常認真負責，對進出廠的貨物檢查十分仔細，深獲啤酒廠高級幹部信任，於是，大家經常到守衛室找他閒聊。

三年後，這個日本人存了一些錢，便藉口要返回日本定居，啤酒廠的員工挽留之餘，並未懷疑他的說詞。

後來，這家啤酒廠才知道，這個日本人竟然是一個商人，喬裝成觀光客前來丹麥，是覬覦當時享譽世界的這家啤酒廠的釀造技術。

由於這家啤酒廠保密程度很高，從不允許外人參觀，這個日本商人在啤酒廠周圍轉了三天，就是不得其門而入。

後來，他看到每天早晚都有一部黑色轎車進出，打聽之下，知道是這家啤酒廠的老闆座車。於是，他就趁老闆開車出來時，處心積慮地製造了那起交通事故，藉機混進啤酒廠當守衛。

三年來，他利用工作之便，想盡一切辦法，終於竊取了這家啤酒廠的配方和技術。他犧牲了一條腿，換得了一流的啤酒釀造方法，成功地開設了一座規模龐大的啤酒廠。

你必須具備的應對智慧

許多深諳人性的思想家都告訴我們，不能憑表面印象去判斷一個人，因爲在陽光照射得到的地方，奸猾的小人會表現出一副不貪不取的模樣，而在黑暗的角落，他們就會露出貪得無饜的嘴臉。

但是，從另一個角度來說，奸猾未必不是智慧，貪得無饜也只是慾望的眞實呈現，只要不犯法，其實都無可厚非。

看完這個故事，也許你會覺得，這個日本商人未免太奸詐、行事太極端了，想要成功何必非得去撞車不可呢？

其實，人在衡量利弊得失的時候，通常會受到本身價值觀念的影響，經過一番思慮後才做出決定，也許你無法認同這個日本商人的行徑，卻不得不佩服他跑去撞車子的勇氣，畢竟用這種方式獲得自己想要的東西，不是一般人做得出來的。

重點在於嗅覺，故事中的日本人就是因爲嗅聞出成功的契機，清楚地知道自己要的是什麼，所以才會不擇手段，勇於「壯士斷腿」，寧願犧牲一條腿換取釀造啤酒的技術。

口是心非，有什麼不對？

人生本來就充滿了矛盾與不可預知，況且每個人都有自私的劣根性，也會面臨一些自己無能為力的境遇，表裡不一自然在所難免！

法國文豪雨果在《笑面人》裡寫道：「打破一切成規，蔑視一切守則，敢做敢為敢破壞，這就是真正的生活。」

人生最大的困擾就是，爲了工作需要或社交活動，我們經常得和自己不喜歡的人打交道，並且爲了不得罪對方而言不由衷，甚至口是心非，事後又感覺自己太過虛僞。

其實，口是心非並沒什麼大不了的，因爲，絕大多數時候，我們並不是存心欺騙別人，也不是打從心裡就喜歡藉由討好別人來達成自己的目的。只不過是爲了減少一些不必要的麻煩或爭執，或者是比較快速達成洽涉，才會讓自己的嘴巴說出那些不是發自內心的話語。

此外，對於某些惡劣的小人，口是心非也是一種保護自己或解決問題的方式，如果我們的「修爲」達到下列故事主角王敬則的程度，說不定我們也會採取這樣的模式徹底剷除那些惹人厭煩的惡人呢！

做人要聰明，做事要精明

南齊名臣王敬則擔任南沙縣令時，縣內有一群盜匪趁著時局動盪混亂，聚嘯在山林之中，時常下山燒殺掠劫，致使當地百姓恐慌不已。王敬則屢次派兵前去圍捕，無奈盜賊行蹤飄忽，圍捕行動徒勞無功。

王敬則心想，這幫盜賊如此狡猾，如不使用權謀詐術，恐怕難以將他們繩之於法。爲了徹底剿滅這群盜匪，他便派人拿著親筆信函，深入山中對盜賊首領進行招降。

王敬則在信中非常誠懇地表示：「如果你們願意下山自首，我定當從中說項，可以赦免你們的罪行。如果你們不相信的話，我可以先到廟神面前詛咒發誓，絕不食言。」

當時，南沙縣內有一座廟非常靈驗，百姓都相當信服畏懼，盜賊首領派人下山打聽，得知王敬則果眞到廟神面前詛咒發誓，認爲他很有招撫的誠意，便答應帶領手下一起到廟裡接受招撫。

王敬則隨即在廟中設宴，準備「款待」這群盜賊。

豈知，這群盜賊到來以後，王敬則二話不說，立即下令將他們全部拘捕，準備斬首示衆。

盜賊首領很氣憤地對王敬則咆哮說：「你不是在廟神面前詛咒發誓了，怎敢出爾反爾？」

王敬則笑了笑，氣定神閒地回答說：「沒錯，我的確在廟神面前詛咒發誓過，不過，當時我也告訴廟神，萬一我不得已必須違背誓約的話，就奉上十隻牛向廟神謝罪。」

王敬則說完，馬上派人宰殺十隻牛祭祀廟神，然後將這群盜匪斬首示衆，從此，南沙縣再也沒有盜匪出沒。

你必須具備的應對智慧

美國作家愛默生說：「不必告訴我你讀過什麼書，從你的言談我就可以察知。不必告訴我你同哪些人交往，從你的舉止，我就可以看出。」

口是心非，是人最重要的特點之一，尤其是政客，經常會發生言行舉止與自己的口號、訴求全然不同的狀況！

有些人發現別人言行並不一致時，心中就會認爲這些人過於污穢卑劣而心生憤慨。其實，這大可不必，因爲，人生本來就充滿了矛盾與不可預知，況且每個人都有自私的劣根性，也會面臨一些自己無能爲力的境遇，表裡不一自然在所難免！

年輕人，尤其是一些充滿道德、理想的年輕人，每每看到這種醜惡或矛盾的事，就會覺得無法接受，這又是何苦呢？與其憎惡這些人虛僞的一面，倒不如理解他們的醜惡，生活還會過得較好些。

故事中的王敬則看似口是心非、心狠手辣，但是用這種手段對付狡詐的匪徒，未嘗不是以詐止詐的好方法。這也說明了，許多言不由衷或輕諾寡信都有不得已的理由。「你有壓力，我也有壓力」，既然每個人都有壓力，那又何必把世態看得太嚴重？

對於別人和自己的矛盾不要太過介意，一個人要活在世界上，就必須以這種態度來面對，同時也不要爲了言行一致這句話而自我束縛，想做什麼就大膽去做吧！

放鬆心情才能戰勝恐懼

美國心理學家詹姆斯說：「往往我們對一件不確定的結果所抱持的信念，才是唯一能使這個結果實現的因素。」

法國大文豪，諾貝爾文學獎得主福樓拜在談論人生時曾經這麼說過：「堅強，求助於你的意志力，而不要求助於天神。因為，天神從來不理會人們的求救呼聲。」

人本來應該很單純地活在這個世上，為自己和喜歡的人喜悅地活著，然而，事實上，我們卻經常必須為別人的慾望和野心所造成的禍害而活得膽戰心驚，這實在是太無奈了。

面對艱難險惡的處境，或是走到使人猶豫而難以抉擇的岔路，我們應該保持冷靜鎮定，盡一切力量去克服。只有秉持這種積極的應對態度，才能在不完美的社會中，過著最充實的生活。

做人要聰明，做事要精明

晉朝名書法家王羲之年輕的時候，頗受大將軍王敦寵愛，經常邀他到軍營中飲酒聊天，天色太晚就讓他在營帳中睡覺。

有一天清晨，王敦起得很早，不一會兒，一個名叫錢風的人鬼鬼祟祟前來求見，二人摒去左右，秘密商議叛逆之事，一時把王羲之正在營帳中睡覺的事忘記了。

王羲之睡醒後，無意中聽到他們正在談論謀反叛變的事，知道自己大難臨頭，如不佯裝爛醉如泥恐怕無法活命，於是便剔喉嘔吐，把自己的頭面、被褥全都弄得髒兮兮，然後又倒頭假裝熟睡。

王敦和錢風談著談著，突然想起王羲之正在營帳中睡覺，兩人都吃驚地說：「爲了避免風聲走漏，不得不殺了他。」

他們兩人揭開床帳一看，只見王羲之吐得一塌糊塗，認爲他爛醉熟睡，沒聽見造反的事，便打消他滅口的念頭，王羲之因此免於一死。

你必須具備的應對智慧

美國心理學家詹姆斯說：「往往我們對一件不確定的結果所抱持的信念，才是唯一能使這個結果實現的因素。」

當你像王羲之一樣，無意中聽到了不該聽的事，面臨殺身之禍時，能不能急中生智，逃過難關？

其實，每個人都有急中生智的潛能，只是往往被緊張、恐懼……等等負面情緒束縛住，以致無法脫險。

凡事不可過於緊張，在堅持自己的信念之時，儘量將心情放鬆，唯有如此，才能充分發揮個人的潛能。

從事任何工作，只要將穩定自己情緒的習慣慢慢培養出來，自然能夠以平常心去克服各種障礙！

話雖如此，但實際上要以平常心面對危險卻並非易事。

因爲，當人們面臨某些危險的事情時，心中難免會膽怯，同時會由於不安和恐懼而使得身體、唇齒不住顫抖。

這是缺乏自信的必然現象，必須反覆不斷地訓練自己，讓自己產生自信，才能輕鬆戰勝畏懼。

打開心眼就能克服恐懼

三島由紀夫強調：「人無論做什麼事都必須養成習慣，一旦習慣後，世界上任何事情都不值得畏懼了。」

日本名作家三島由紀夫在《行動學入門》裡鼓舞我們說：「閉上眼睛，大膽地行動吧！或許你會再三遭到失敗，但是時間一久自然會習慣，一旦習慣後，所有的不安和恐懼自然會消失無蹤。」

人們不論做什麼事，開始時總是會感到忐忑不安，一旦不安和恐懼的情緒升起，就會畏縮不前。但是一味退縮，不安和恐懼將永遠無法消除，唯有閉起肉眼、打開心眼，大膽地去做，才能克服心理的障礙，如此一來，橫阻於前的障礙自然會消匿於無形……

日本最著名的劍客宮本武藏一生精研兵法，已經達到劍禪合一的境界。有一天，一個劍客前來拜訪宮本武藏，請他指點研究兵法的心得。

宮本武藏指著榻榻米的邊緣說：「如果有一座橋和這張榻榻米的邊緣一樣寬，距離地面六尺，你走得過去嗎？」

榻榻米的邊緣非常狹窄，這位劍客聽了之後搖搖頭。

「那麼，如果是三尺寬的橋，你能走過嗎？」

「可以，這太簡單了！」

「好，假如這座三尺寬的橋懸吊在兩座高山之間，下面是萬丈深淵，你是否也能走過呢？」

「不……」

「爲什麼？不是同一座三尺寬的橋嗎？」

「因爲……」

當對方支支吾吾無言以對時，宮本武藏才透露自己精研兵法的心得：「有目而無眼，無目而有眼」，也就是面對恐懼的時候，要閉上造成自己恐懼的肉眼，打開「心眼」去看世間萬物，一個劍客唯有達到這種境界，才能成爲第一流的劍客。

你必須具備的應對智慧

爲什麼同樣的一座橋，位於平地的時候，人們可以輕鬆地走過，一旦懸吊在兩座高山之間就卻步不前了呢？

其實，這完全是由於視覺造成紛擾的雜念，使人心生膽怯的緣故，倘若能將這種恐懼心理或雜念去除，達到心靈的平靜，就能夠隨遇而安。

一般人見到腳下是萬丈深淵，都會不自主聯想到自己不小心失足墜落的情況，而在極度緊張的情況下產生恐懼的心理。這時，雖然心裡一再鼓舞自己這其實沒什麼，想要硬著頭皮走過去，但是雙腳就是不聽使喚，自然沒有膽量走過那座橋了。

唯一的方法就是閉上肉眼、打開心眼，儘量保持平靜的心境，將自己從緊張、恐懼的情緒中解放出來。

我們不論做什麼事，如果要使自己的才智、力量充分發揮出來，最重要的是，要有一個平和安詳的心境。

三島由紀夫強調：「人無論做什麼事都必須養成習慣，一旦習慣後，世界上任何事情都不值得畏懼了。」

克服心中的畏懼，才是強者的人生哲學。的確，只要習慣了，任何不安和恐懼都會煙消雲散！

你有什麼好驕傲的？

蘇聯作家高爾基說：「一個人可以做到他想做的一切，需要的只是堅忍不拔的毅力和持久不懈的努力。」

日本作家鈴木健二在《人際關係趣談》裡說：「真正有能力的人，工作時總是默不作聲，乾淨俐落地把任務完成，而且事後表情輕鬆，顯得若無其事，不會誇耀自己的才能。」

如果你自認為擁有某些過人的才華，喜歡四處炫耀，那麼可得糾正這種錯誤的行徑，因為，你那副沾沾自喜的表情，其實已經透露你有幾分本事，看在真正的高手眼中，你只不過是一隻喜歡吹噓的井底之蛙。

北宋名臣歐陽修所著的《歸田錄》中記載著一則熟能生巧的故事，大意是說，有一位神箭手很愛現，經常在大庭廣眾下表演百步穿楊的箭術，由於他箭無虛發，每次都能精準地射中目標，旁觀的民眾都會對他精湛的箭術報以熱烈掌聲。

有一天，這個神箭手又在樹下獻寶，當他滿臉陶醉地享受觀眾的掌聲和讚美時，卻發現有一位賣油的老人很不捧場，居然只是面露微笑靜靜站在一旁，沒像其他人一樣鼓掌叫好。

看到這個情形，這位神箭手有點不悅，於是就走到老人面前，問他說：「你的表情好像很瞧不起我的箭術喔，莫非你也懂得射箭？」

老人笑著說：「射箭，我倒是不會，但是我相信，任何人只要持續不斷勤加練習，都會射得和你一樣好。」

這句話大大地刺傷神箭手的自尊心，於是他立即變臉，生氣地對賣油的老人說：

「喂，老頭子，你知不知道這樣講很沒有禮貌，而且很不負責任喔，你如果沒辦法證明你剛剛所講的話，我就要讓你好看！」

老人聽了，仍舊微笑著說：「這樣吧，我是個賣油的，我就表演倒油的技術給你看吧！」

說完，老人就將肩上的扁擔卸下，然後在裝油的葫蘆口擺了一個有方孔的銅錢，隨即用杓子舀起一杓油，高高地將油注入葫蘆中。

只見一條閃亮的細線毫厘不差地穿過錢孔，直到葫蘆裝滿了，銅錢仍沒沾上一滴油。觀眾們看到他這種功夫，紛紛鼓掌叫好，老人仍舊微笑著說：「只要經常練習，任何人都能達到這種境地。」

你必須具備的應對智慧

蘇聯作家高爾基說：「一個人可以做到他想做的一切，需要的只是堅忍不拔的毅力和持久不懈的努力。」

就像賣油老人所說的，任何事只要持續不斷地勤加練習，都可以到達爐火純青的地步；至於那位神箭手，只不過是由於勤加鍛鍊而擁有一項拿手的技術而已，沒什麼好驕傲的。

俗話說：「三百六十五行，行行出狀元」，你若能精通一門技術，那麼無論你目前的職業、地位、才能、學歷、財產和別人有多大的差距，其實都無關緊要；只要能在自己專精的領域中精益求精，保持一枝獨秀，你就可以創造出輝煌燦爛的人生。

所謂萬變不離其宗，人一旦精通了某種技術，就會使自己產生無窮的自信，從中體會出世事萬物的本質。此外，還能觸類旁通，快速領略處理其他事務的要訣，無論面對任何人都能保持心平氣和，無畏無懼。

何必為了缺點而感到自卑

真正的強者勇於承認自己的弱點，做足了心理建設，其他人無法由這些地方打擊他，因為他根本不怕別人的攻擊。

美國激勵作家麥斯威爾．馬爾茲曾經說過：「一個人最終拋棄了虛偽與矯飾，主動表現出本來面目時，他所得到的輕鬆與滿足是不可比擬的。」

這是因爲，虛僞與矯飾讓人終日患得患失，只有勇敢面對自己的缺點，才能在人前人後都活得輕鬆自在。

晏子是春秋時代齊國著名的宰相，雖然身材矮小，但是才高八斗、頭腦靈光，並且以機智聞名於世。

有次，晏子奉命出使楚國，楚靈王一向看不起齊國，於是晏子矮小的身材正好成爲他取笑的題材。楚靈王一見到晏子，便毫不客氣地說：「難道齊國都沒有人才了嗎？怎麼派一個侏儒來這裡呢？難道不怕丟人現眼嗎？」

晏子早已料到楚靈王居心叵測，故意借題發揮，於是不動聲色、不慍不怒地回答道：「我們齊國可說人才濟濟，隨便一個路人甲都是個不可多得的人才。只是，我們齊國的規矩甚嚴，強調對等關係，規定賢明的人出使賢明的國家，不才的人就出使不才的國家，我晏子身材矮小，又沒什麼長處，所以就被派來出使楚國了。」

楚靈王損人不成，被晏子反將了一軍，心裡自然火冒三丈。正巧此時外面的士兵剛好押了一個囚犯經過大殿，楚靈王逮到了機會，故意大聲地問：「這名囚犯到底犯了什麼罪？」

士兵回答：「偷竊罪。」

「囚犯是哪裡人啊？」楚靈王明知故問。

「齊國人。」

楚靈王對這個答案非常滿意，露出洋洋得意的姿態，對著晏子挑釁地說：「齊國是窮到沒飯吃嗎？怎麼你們國家的人都喜歡做賊啊？」

晏子知道這場戲是楚靈王刻意安排的，目的無非是想令齊國蒙羞，依然不慌不忙地回答道：「聽說江南的橘子，一旦移植到江北就變成了枳子，橘子會長成枳子，是因爲本身所處的環境不同，這麼簡單的道理，大王您一定明白。同樣的，齊國人在齊國奉公守法、安居樂業，一到了楚國就變成盜賊，這也是因爲所處環境不同的緣故，和他來自什麼地方又有何關係？」

楚靈王自知理虧，對晏子臨危不亂的表現更是佩服得五體投地，於是立刻改以上賓之禮款待他。

你必須具備的應對智慧

人的一生難免會遇到各種負面批評以及打擊，唯有培養健全開朗的心理狀態，才能臉不紅氣不喘地從容應對。

晏子最令人佩服的地方，不只是他過人的機智，而在於他能敞開心胸，正視自己的缺點。

眞正的強者是不會有死穴的，他勇於承認自己的弱點，做足了心理建設，其他人無法由這些地方打擊他，因爲他根本不怕別人的攻擊。

因此，何必爲自己的小鼻子、小眼睛而煩惱？更不必爲自己的多一塊少一塊肉而感到自卑，誰沒有缺點？誰沒有過錯？

勇者無所懼，千軍萬馬都不怕了，又豈會被自己的小瑕疵所打敗？

只有自己才能拯救自己

一個人縱使受到極為嚴重的傷勢，只要心中充滿能夠治癒的信念，積極而堅強地活下去，終究能脫離險境。

著名的瑞士精神分析學家卡爾．榮格曾經這麼說過：「根據三十年來的經驗，我發現病人本身若是沒有信心，那麼精神方面的疾病永遠不會好轉，向來都是如此，絕無任何例外。其實，不僅精神方面的病症如此，其他各方面也都是如此。」

榮格的說法，的確是一個鼓舞人心的經驗談，如果患者本身沒有信心，不管進行多少種治療措施，病情也不見得會好轉。唯有心中相信自己會好起來，身體才會朝著康復的方向發生作用。

百老匯著名的歌劇演員佛雷亞斯坦，有一天搭乘飛機不幸失事，雖然僥倖沒有罹難，但是傷勢非常嚴重，幾乎全身的骨頭都折斷了。醫生緊急搶救後認爲，他生還的機率不大，即使出現奇蹟保全性命，也會終身殘廢。

但是，佛雷亞斯坦具有相當強韌的生命力和生存信念，幾天之後竟然奇蹟式地清醒了。他清醒之後，立刻向醫生詢問自己的傷勢，得知可能終身殘廢後，他並不氣餒，反而在心中不斷鼓舞自己：「我一定會復原的，我還要重新開始我的舞台生涯。」

他每天反覆說著這些話，心中想像著所有折斷的骨頭都已經治癒，漸漸的，他的傷勢竟然日趨好轉，斷骨也逐漸密合起來，醫生們都覺得這簡直是不可思議的事情。

過了一段漫長而艱苦的復健後，佛雷亞斯坦逐漸能靠著枴杖站起來走動了，但是由於腳踝部位受傷過重，因此，醫生警告他日後絕對不可以再從事舞台演出。然而，佛雷亞斯坦並不想放棄自己的演藝生涯，出院後，便整天在家中勤練柔軟體操。

當他正式宣告復出演出時，在百老匯造成了空前的轟動。恢復演出的當晚，他與女兒泰麗莎同台表演，觀眾們看到他復出後的「枴杖舞」時，紛紛起立報以熱烈的掌聲，爲他流下高興的眼淚。

後來，他雖然不用拿枴杖也能跳舞，但是「枴杖舞」卻被公認是他所有表演中最具特色的一種舞，至今猶爲人們所懷念。

你必須具備的應對智慧

歐里庇得斯曾經說：「我倒羨慕那一生雖然不幸，卻相信自己的人，因為，他受了苦，但不至於被痛苦壓倒。」

這句饒富深意的生活哲理告訴我們一個道理，如果我們處在困境當中，還相信自己有能力解決眼前的難題，那麼再強大、再艱難的困境，也無法阻擋我們推開成功的大門。做人做事也是如此，天下無難事，只要相信自己就能創造奇蹟，獲得原本你認爲不可能得到的勝利。

佛雷亞斯坦有如此的勇氣和精神，當然值得觀衆爲他喝采。

由他的例子，我們可以得知，一個人縱使受到極爲嚴重的傷勢，只要心中充滿能夠治癒的信念，積極而堅強地活下去，終究能脫離險境。

拯救佛雷亞斯坦的並不是醫生，因爲醫生只能負起接合斷碎的骨頭和治療的責任，對於以後的事，就無能爲力了。拯救佛雷亞斯坦的，其實是他自己，由於他本身具有強烈的生存信念，才能奇蹟式地康復，若是他本身缺乏信心，那麼連活下去都有問題，更不用談演出歌舞劇了。

他的故事告訴我們，唯有在逆境之中仍舊保持信心，才能激發無限潛能；也唯有保持信心，才能讓自己獲得峰迴路轉的機運！

命運的主宰不是醫生或任何人，而是我們自己！我們可以控制自己的想法和做法，也可以決定自己的人生方向。不用管醫生怎麼說，不必管別人怎麼潑冷水，只要你願意相信自己，你就可以創造屬於自己的輝煌人生。

睡覺，也是解決事情的方法之一

潛意識不僅僅只有人類出生以後的經驗，同時還包含了前世和祖先的經驗在內，這些經驗會經由遺傳的方式而存留下來。

相信自己有能力解決難題，殫精竭慮地思考問題該如何迎刃而解，無疑是邁向成功的必備條件。

但是，人生並不一定非得時時刻刻都處於緊繃狀態，偶爾必須跟自己耍耍賴，把問題丟給潛意識處理。

當你遭遇到一些不知如何是好的難題時，有時躺下來睡大頭覺，也是解決事情的方法之一。

因爲，事情若是眞的遇到瓶頸，難以突破，再怎麼掙扎也是徒費心思和力氣，勉強想辦法應付，並不一定能有效解決。

這時，你不妨告訴自己：「船到橋頭自然直」，然後放鬆心情酣酣入睡，讓潛意識來幫自己解決問題。

這樣的例子，在許多科學家身上都曾發生過，以下是其中之一。

做人要聰明，做事要精明

亞卡西茲是一位聞名全球的動物學家，在化石魚類的研究歸納工作方面卓然有成。他在研究化石魚類的過程中，曾經有過一個神秘而有趣的體驗。

有一天，他在一塊石板上發現了一個魚類化石的痕跡，於是廢寢忘食專注地研究，但是由於這塊化石缺少了最重要的一部分，因此研究工作始終沒有進展，幾天後，他不得不將這件事情暫時擱置。

然而，不久之後，有一天晚上，他在睡覺的時候，竟夢見了那塊化石欠缺的那個重要部分，而且清晰、吻合地補足了，可是當他醒來時，卻想不出剛才夢中見到的特徵。

於是，第二天晚上臨睡之前，亞卡西茲將紙筆準備好放在床頭，當晚，那條化石魚欠缺的重要部分又在夢中出現了，在意識朦朧的狀態下，他趕緊將特徵記錄下來。

翌日清早，他仔細看了昨夜畫下的圖樣，心中大吃了一驚，因爲紙上所顯現的，正是化石沒有顯示出來的特徵，於是他立即根據這個圖樣刻在石板上，至此，化石魚的分類工作才告完成。

你必須具備的應對智慧

心理學家克拉伍德·布利斯特說過：「潛意識有使心中深信不疑的事情付諸實現的力量。」

這是因爲，每個人的想像都會隨著潛意識運行，必然會投注心力於盤旋腦海之中的想像。

瑞士精神分析家榮格在他的學說中，特別重視出生前的記憶，並且主張潛意識不僅僅只有人類出生以後的經驗，同時還包含了前世和祖先的經驗在內，這些經驗會經由遺傳的方式而存留下來。

就因爲潛在意識並不單單是個人經驗的累積，同時還包含了前世和祖先的經驗，自然擁有極大的力量。

美國作家愛默生說：「當遭遇逆境或是碰到危急的場面，我們所表現出來的都是無意識的行動。」

愛默生的說法使我們理解，在這種情況下，與其依賴著個人的理性與判斷，不如將這類情況委諸潛意識處理，這才是比較聰明的做法。

沉得住氣，才能掌握全局

不管做任何事情，操之過急只會讓自己吃虧。能夠沉得住氣，再三確認步驟與細節，事情才能做得既漂亮又有效率。

聰明的人都知道，聽人家把話說完不但是一種基本禮貌，對自己也是一種保障，因爲我們永遠無法事先預知對方究竟想表達什麼意思，爲了節省事後補救的功夫與時間，多花幾秒鐘把話好好聽完，可以說是最划算的「投資」了。

尤其，當我們從客戶或是上司那裡得到命令或吩咐的時候，更應該仔細把對方的意思弄清楚再開始行動。

有個講話總是結結巴巴的人到商店買飲料，因爲不確定自己錢帶得夠不夠，於是打算問老闆。

結巴：「老老老老老老闆，一一一一瓶瓶瓶可樂……」

急性子的老闆聽得十分難過，沒等他說完就幫他拿了一瓶可樂。

結巴又問：「多多多少錢？」

老闆耐著性子回答：「十八塊！」

結巴：「買買買買買買買買……」

老闆實在聽不下去了，等不及他講完，就幫他把瓶裝可樂打開。

結巴：「……買買買不起……不不不不不要了。」

你必須具備的應對智慧

當急性子的老闆遇上結結巴巴的客人，沒耐性、急就章的後果，就是白白損失了一瓶可樂。

做事不要太性急，英國哲學家法蘭西斯．培根就曾經這麼說過：「過於求速，是做事時最大的危險之一。」

爲什麼沒有耐心的人特別容易做錯事呢？這是因爲，他們做事總是不用心，嫌了解細節太過麻煩，不肯多花一些時間做確認的工作，經常連狀況都沒弄清楚就埋著頭往前衝。

這麼衝動的後果，往往是等到事情進行了一半才發現自己錯得離譜，但一切卻都爲時已晚了。補救的話，得要花上很大的精力，但不補救，成果又令人無法接受，這種進退不得的狀況可以說是最糟糕的。

別忘了，不管做任何事情，操之過急只會讓自己吃虧。特別是在重要的關鍵時候，一定要能沉得住氣，再三確認步驟與細節，才能掌握全局，把事情做得既漂亮又有效率。

8.

如何擺脫小人的糾纏？

日常生活中，每個人或多或少都有
不能避免的人情壓力和煩人瑣事，
為了擺脫糾纏，不動動腦袋想計謀是不行的。

藉機說出「言外之意」

懂得藉機說出「言外之意，弦外之音」，正是我們在社交時，非常需要學習的風範和技巧。

古希臘哲學家亞里斯多德曾說：「要說發脾氣，誰都會，這並不困難，難的是當你發脾氣的時候，懂得如何掌握分寸，懂得採取適當的方式，最重要的是懂得用機智來代替憤怒。」

的確，一個只為生氣而生氣的人在盛怒之下，嘴裡的那條舌頭就像一匹脫韁的瘋馬，而一個眞正有智慧的人，在盛怒之下，則會用自己的機智去駕馭那條可能變成瘋馬的舌頭。

某次午宴上，有位女士與柯立芝總統十分器重的大使，爲了一件小事展開了一場唇槍舌劍的言詞交鋒。

這個女士越說越氣憤，爲了壓倒對方，便故意貶低對方，說他粗野而無知，正巧這時有一隻大黑貓懶洋洋地來到餐桌旁，靠著桌腿蹭起癢來了。

柯立芝總統這時巧妙地轉過身，對身邊的人說：「唉，這隻貓已經是第三次來這裡搗亂了。」

總統故意把這句話說得很大聲，正是爲了讓那位「凶悍」的女士聽見，只見她馬上安靜了下來，之後就再也沒有聽到她的聒噪聲了。

一向彬彬有禮的柯立芝總統，會在這樣的社交場合中，突然大聲指責一隻貓，「指桑罵槐」的用意，在場人員自然都心照不宣。

這正是我們所謂的「話中有話」、「罵人不帶髒字」，能夠巧妙地對這個女士的無聊爭執做出抗議，卻又不會因爲直接出言制止而影響宴會的氣氛，可說是一舉數得，方法絕妙。

這樣的機智，是許多人際關係良好的成功人士常發揮的，當別人正吵得不可開交時，他們往往會天外飛來一筆，而且效果非凡，避免了直指對方不是的尷尬，又能讓對方充滿了解其中的含義。懂得藉機說出「言外之意，弦外之音」，正是我們在社交時，非常需要學習的風範和技巧。

如何擺脫小人的糾纏？

日常生活中，每個人或多或少都有不能避免的人情壓力和煩人瑣事，為了擺脫糾纏，不動動腦袋想計謀是不行的。

維吾爾族有句諺語：「有駱駝大的身體，不如有鈕釦大的智慧。」

這句話告訴我們，沒有智慧的蠻力，根本毫無價值可言，換言之，只要你懂得運用智慧，那麼你將會恍然發現，有時候，看不見的「智力」要比看得見的「武力」更可以發揮料想不到的作用。

有一天，林肯總統因生病住進了醫院，但仍然有不少人為了求得一官半職，來到他的病床前不停地嘮叨。雖然他們把林肯和醫生都煩得心情很差，但是礙於禮儀，又不便硬將他們轟走。

又有一次，一個令人討厭的傢伙正要坐下來跟總統長談一番時，醫生剛好走了進來。林肯於是伸出雙手問道：「醫生，我手上這些疙瘩是怎麼回事？」

醫生說：「這是假天花吧！不過，也可能是輕度天花。」

林肯說：「那麼，我全身都長滿了這些東西，這種病會傳染吧？」

醫生說：「是，傳染性確實很強。」

這時候，坐在一旁的客人，立刻站了起來，大聲說：「哦，總統先生，我只是順道來探望您，希望您早日康復，我有事要先走了。」

「啊，別急著走嘛，先生！」林肯開心地說。

客人趕緊說：「以後有空我會再來拜訪的，以後再來……」一邊說，一邊急忙地往門外跑出去。

等那個人走遠，林肯這才高興地說：「現在，我終於有時間，看看那些客人送的好東西了。」

你必須具備的應對智慧

這是非常有趣的小故事，充分表現了林肯總統做人做事的機智，以及他和幕僚人員之間的默契。

日常生活中，每個人或多或少都有不能避免的人情壓力和煩人瑣事，爲了擺脫糾纏，不動動腦袋想計謀是不行的。

我們時常爲了這些小事而困擾不已，在衡量面子、身份，或怕得罪別人之餘，常常必須按捺著情緒接受對方的疲勞轟炸，然後再找機會發洩或抱怨。

不過，一味隱忍，事情永遠也無法解決，而你永遠也只能抱怨。

學學林肯總統應付小人的智慧吧！

動動你的大腦，每一件事都會有他的解決方法和技巧，只要你多動動腦筋，一定會想出兩全其美的好方法。

幽默感能把大事化小

學會以幽默的態度面對事情，大事往往能化作小事，用幽默來解決事情，再尷尬的場面也能變得輕鬆自在。

希爾泰說：「動不動就生氣的人，只會突顯他無法駕馭自己的幼稚。」因為，一個成熟有智慧的人，並不會動不動就用生氣來解決問題，而是會用機智來代替生氣的幼稚行為。

人與人之間的互動是相當微妙的，往往左右著一個人的成敗，凡事針鋒相對無疑是最糟糕的處世模式。發生紛爭的時候，如果你想把大事化小、小事化無，不妨試著發揮一些幽默感。

柯立芝總統擔任麻薩諸塞州參議員時，有一次，一位健談的議員發言表示支持某項議案，發言時，在每句話的開頭，他都會重複說一句：「議長先生，話是這麼說的……」

當這位議員報告完後，反對這項議案的柯立芝馬上站起來說：「發言人先生，話不是這麼說的……」

登時全場哄然大笑，而那項議案也因此被否決了。

還有一次，有兩個議員爲了某件事情，爭得面紅耳赤。其中一位議員咒罵對方「該下地獄」，而挨罵的那位議員則是火冒三丈，拉著柯立芝要幫他主持公道。

只見柯立芝不慌不忙地說：「議員先生，您不必著急，我已經查過法典，您還用不著爲此到地獄走一趟。」

柯立芝說完了這句話，議場緊張的氣氛便緩和下來了。

你必須具備的應對智慧

歐洲有句諺語說：「生氣的時候，去踢石頭，疼的只是自己。」

一個真正有智慧的人，生氣憤怒的時候，並不會蠢到用自己的腳去踢石頭，而會用幽默的方式表達自己的觀感。

機智幽默可以說是人們在社交場上所穿的最漂亮的服飾，尤其是你出糗或遭到言語攻擊，適時的機智絕對可以化解尷尬或對立的氣氛。

一句幽默的話，勝過長篇大論，如何運用幽默感來化解生活的難題，相信是許多人必須學習的課程。

學會以幽默的態度面對事情，大事往往能化作小事，用幽默來解決事情，再尷尬的場面也能變得輕鬆自在。

心平氣和才是對付小人的法則

若能以推理分析來回應，定能讓對手的荒謬論調不攻自破，而且更能得到別人的讚賞與欽佩！

我們都很習慣用憤怒處理事情，用情緒來駁斥別人說我們的不是，殊不知許多時候，因爲過度激昂的情緒，反而容易模糊了事情的焦點，也更加容易讓別人忽略應當知道的事實。

不如學學下面故事中契斯特．朗寧的機智加以還擊吧！

加拿大前外交官契斯特・朗寧是個在中國出生，而父母都是美國人的傳教士。朗寧出生時，因爲母親無法餵哺，所以便請了一位中國奶媽餵養他。

但是，沒想到在他三十歲競選議員時，這段往事竟被對手做爲攻擊、誹謗的話題。他們批評的理由，正是朗寧曾經喝過中國人的母奶長大，身上一定有中國血統的謬論。

面對對手的惡意攻擊，朗寧也不甘示弱，隨即根據誹謗者的荒謬邏輯，嚴厲地加以駁斥。

他說：「如果喝什麼奶，就形成什麼血統的話，那麼你們誰沒喝過加拿大的牛奶？難道在你們身上就有了加拿大牛的血統嗎？當然，你們可能既喝過加拿大的人乳，也喝過加拿大的牛奶，那麼在你們身上，不就有加拿大人的血統，又有加拿大牛的血統了嗎？如此推論的話，你們豈不是『人牛血統的混血兒』了。」

日本作家櫻井秀勳曾經這麼說：「不管是什麼形式的批評，最好都要以機智幽默的方式進行。」

如果不懂得用機智幽默的方式化解衝突，那麼生活就是由摩擦和痛苦串連而成，如果能夠用輕鬆幽默的心態面對，那麼人生就會精采豐富。

在任何荒謬的論點，都有可能被編造出來的人際社會裡，要攻破這些謬論，除了要有冷靜理智的思考方式，更要有攻破敵手論點的機智。

若能以推理分析來回應，定能讓對手的荒謬論調不攻自破，而且更能得到別人的讚賞與欽佩！

適可而止，才是正確的溝通方式

不要強人所難，並且抱著將心比心的包容和尊重，那麼誤會與衝突，也都不會發生了。

羅馬思想家西塞羅曾經寫道：「幽默會給人帶來歡樂，而且，常常可以產生巨大的作用。」

的確，幽默不僅能令人開懷，而且還常有潤滑的妙用，可以讓你跟別人交際的過程中增添光彩。

羅斯福總統在擔任紐約州長期間，喜歡在酒宴時喝些調酒，還特別喜歡勸身邊的人多喝酒，每當他看到別人的杯子空了，就會馬上說：「再來一杯吧！」

在一次宴會上，他熱情地爲最高法院的法官塞姆．羅斯曼加滿了第二杯酒，但是羅斯曼並不會喝酒，當他喝完第一杯雞尾酒時，就已經有點不大舒服了，因此，他趁其他人不注意的時候，把這第二杯酒偷偷地倒進角落的花盆裡去了。

不久，又有一場雞尾酒會，酒會中羅斯福故意對羅斯曼說：「塞姆，你知道嗎？行政大廈裡的花發生了怪現象，前幾天，有一棵盆栽的葉子開始變色，他們請來農業部的專家，把花和土壤都帶回去研究，檢驗出來之後，你猜他們發現什麼？他們發現土壤裡含有很高的酒精成份。問題是，這些土壤是從什麼地方挖來的呢？」

這時在場的人都笑了起來，羅斯曼也不好意思地笑著承認，是自己偷偷將酒倒入了那個花盆中。

接著，他對羅斯福說：「州長，如果你不想讓你的花全都遭殃，最好饒了我，別再給我第二杯酒。」

從此，羅斯福再也不勉強羅斯曼喝第二杯酒了。

沒有責難和爭辯，羅斯福總統與羅斯曼的互動裡，有著他們獨特的溝通方法，充滿著難得的風趣和幽默。

我們很容易強人所難，也很習慣用情緒來解決事情，其實，與人溝通的正確方式是，凡事適可而止。

不要強人所難，儘量找出問題的原因，並且抱著將心比心的包容和尊重，那麼誤會與衝突，也都不會發生了。

贏回自己應有的尊嚴

人與人相處之道，貴在誠心敬意，懂得如何互相尊重，你才有可能得到別人的敬重。

做事的時候必須用對方法，才能讓效果達到最大。如果你在事業、工作或生活上遇到瓶頸，那麼就必須冷靜想出解決的辦法。

冷靜是突破困境的最高智慧，可以讓自己頭腦清醒，不至於進退失據、患得患失；看看以下這個真實故事，或許對你有所幫助。

儘管羅斯福總統很了解英國人，也很喜歡與英國人為友，但是，他仍然受不了英國官員所流露出來的傲慢態度。

有一天，財政部長亨利．摩根索，拿了一封英國財政大臣的信給羅斯福看，他卻發現，對方在信封上沒有加上任何官銜的稱呼，而且很不禮貌地直呼部長之名：「亨利．摩根索先生」。

摩根索沒有留意到這一點，他只注意到信裡的內容，但羅斯福卻一眼就看到了，也看出了英國人所顯露出來的傲慢。

當摩根索另外拿出一封他準備回覆的信件時，羅斯福看了看說：「這封信的內容，寫得不錯，但你犯了一個錯誤。」

摩根索慌張地問：「犯了什麼錯誤？」

羅斯福說：「在稱呼上，你應該直呼他的姓名，這樣才能與那封信的稱呼一致，所以，你千萬不要在稱謂上再加任何官銜。」

羅斯福這招果然厲害，英國財政大臣的第二封來信中，就規規矩矩地加上了美國財政部長的官銜。

想要提昇自己的競爭力，做人做事一定要講究策略和技巧，如果你太過單純，不管做什麼事情都不願動腦，那麼，無疑會陷入各種無法預知的陷阱和圈套，使自己的人生充滿危機。

羅斯福以其人之道，還治其人之身，給了傲慢的英國大臣一個教訓，也爲自己贏回應有的尊嚴和敬重。

人與人相處之道，貴在誠心敬意、互敬互讓，懂得如何互相尊重，你才有可能得到別人的敬重。

雖然只是一個小小的官銜稱謂，但在細微處所應當表現出來的禮儀，卻比面對面的尊重更重要。

這是我們必須留意，也是許多人容易忽略的小細節，而且，往往因爲這個小疏忽，而讓你莫名地得罪別人，或是失去大好機會。

真誠待人，才能贏得人心

調整自己面對人生的態度，只要能用心處事、真誠待人，就一定能贏得人心，成功地贏得對方的尊敬和信任。

通常我們都認爲自己很了解自己，也頗能洞穿別人，但實際上，我們經常誤解自己，對於別人的認知也僅止於皮毛。正因爲如此，必須與別人互動之時更加用心，才能贏得眞心。

愈是睿智的人，愈有寬容的胸襟，一個寬宏大量的人，愛心往往多於怨恨，樂觀、忍讓的圓融個性，讓他成爲一個眞正聰明有智慧的人。

美國經濟蕭條期間，美國官方委派哈里．霍普金斯，負責聯邦政府的救急署，而里德．伊克斯，則負責聯邦政府的公共工程管理局。

但是，爲了職責分工的問題，霍普金斯和伊克斯一開始就發生了衝突。

有一次，伊克斯向羅斯福抱怨，霍普金斯的動作太過緩慢，使他無法順利工作，不過，羅斯福卻要求伊克斯不要再耍脾氣了。

「我當時毫不客氣地頂了回去，」伊克斯在日記中回憶說：「那晚我說了許多話，因爲是羅斯福總統，所以我才能如此發言，如果換成現在的其他總統，我恐怕就沒這麼大膽了。」

不久，羅斯福在全體內閣會議上，當衆告誡伊克斯，千萬不要再講霍普金斯和救急署的壞話。

「很明顯的，總統是有意要當著全體內閣成員的面，狠狠地教訓我一下。」伊克斯悲嘆地說。

在內閣會議以後，伊克斯想單獨見見羅斯福，但是卻被勞工部長搶先一步，還把總統這次行程裡，預留溝通的時間都用光了。伊克斯怒氣沖沖地回到自己的辦公室，坐下來打了一份辭職信給羅斯福總統。

第二天中午，當伊克斯前去面見羅斯福總統時，總統用責備的眼神望著他，並給了他一個手寫的備忘錄。

「親愛的哈羅德……」在友好的稱呼之後，總統寫下了不同意他辭職的理由：「我對你充滿信心，爲完成公共事業的巨大任務，國家非你不可，你的辭職我決不接受。你親愛的朋友，富蘭克林．羅斯福。」

接到這樣的備忘錄，伊克斯的火氣完全消了，他說：「能遇到待人眞誠而且值得信任的總統，實在沒有話可說！所以，我當然願意留下來了。」

二十世紀最偉大的科學家愛因斯坦曾說：「寬容意味著尊重別人的無論哪種可能存在的信念。」

很多人喜歡爭強鬥勝，爲了炫耀自己比別人強那麼一點點，總是搶著出鋒頭，一旦被別人比下去，就鬧彆扭、生悶氣。

其實，社會是個大染缸，人生是個修煉場，人應該變得更圓融、更成熟、更幹練，不斷地調整自己面對人生的態度，何苦老是爲了生活中的芝麻細事跟別人過意不去，跟別人糾纏不休呢？

只要能用心處事、眞誠待人，就一定能贏得人心。

羅斯福之所以會當衆責難伊克斯，其實只是要磨礪他的性情而已，因爲他知道伊克斯的爲人，也知道他的個性直率，更明白伊克斯是個難得的人才，所以他運用了「知才惜才」的用人智慧，成功地贏得對方的尊敬和信任。

真心誠意就能改變別人的心意

只要你能腳踏實地的付出，只要能用真心誠意的態度來實踐，再難攻破的堅石，也都一定能滴水穿石。

俄國文豪高爾基曾經寫道：「真誠的關心，讓人心裡那股高興勁兒就跟清晨的小鳥迎著春天的朝陽一樣。」

出自眞心的幫助，不僅能藉善意的動作潤滑自己的人際關係，也會讓自己的心靈世界豐富起來。

日本著名的政治家三木武吉，是一個非常具有雄心的人，二次世界大戰後，他不僅建立保守政黨，還組成了鳩山內閣。

在經濟上，三木武吉也十分地自信，甚至誇口將以三木公司，與日本財經巨頭三井、三菱鼎足而立。但是，他卻徒有抱負，而缺乏經商的頭腦，不久，三木公司就因爲屢遭詐騙，而負債累累了。

在進退兩難的時候，三木武吉狗急跳牆，不得不耍起手段欺騙別人，試圖以此挽回敗局。

不過他的騙局，很快就被對方識破了，而受騙的松太郎，一氣之下決定向法院提起告訴。但是，身爲政治家的三木武吉，如果被法院以詐欺罪起訴，不但會毀掉他苦心經營的政治前途，也會因爲坐牢而使自己的人生蒙上無法抹滅的污點。

就在三木走投無路的時候，有位一直默默關心他的女人救了他。她暗中拜訪松太郎，希望他能網開一面，又以其女性特有的柔軟力量，希望他諒解三木的苦衷，請求松太郎能給三木一條生路。

但是，由於松太郎受害很深，無論如何也不願退讓，所以這個女人想盡方法，也無法打動松太郎的心。

突然，這位女子當著松太郎的面，拿起剪刀，剪下了自己的一頭秀髮，這個舉動終於打動了松太郎，同意撤回訴訟。

你必須具備的應對智慧

故事裡的三木武吉可說非常幸運，靠著那位女子相助，終於避免了一場牢獄災難。這個女子是三木武吉的貴人，她以誠意和犧牲來感動松太郎的精神，著實讓人感動，與三木武吉的不踏實，試圖以欺騙別人解救自己的行爲，更是形成了強烈對比。

這個故事給我們的啓示，只要你能腳踏實地的付出，只要能用眞心誠意的態度來實踐，再難攻破的堅石，也都一定能滴水穿石。

天底下沒有融化不了的冰山，世界上也沒有絕對不能和睦相處人，只要懂得設身處地爲對方著想，眞心誠意地對待他們，就一定能換來正面的回報。

自大傲慢，看起來只會像個傻蛋

看得見他人缺點的人，未必能看見自己的不足。而看不見自己不足的人，其實是最不幸的。

有句話是這樣說的：「當你把食指指向他人的時候，別忘了還有三隻手指指著自己。」

自大傲慢只會讓自己像傻蛋，仔細想想，假設別人要求我們的事，對方自己卻做不到，那麼我們一定也會覺得心有不甘、有所不服吧？

故事發生在某校動物系期末考試會場。

老教授提著一個用黑布罩著的鳥籠，只露出兩條鳥腿。原來，考試題目是：試由觀察到的鳥腿，寫下鳥的種類。

某學生心裡感到十分不滿，因爲自己爲了考試已經辛苦準備數週，結果教授卻出這種怪招，先前的準備一點都派不上用場。

一氣之下，學生拍桌而起，提前交了白卷，連姓名學號都懶得寫！

教授看了他的試卷非常生氣，當著全班的面要學生留下姓名來。

只見學生什麼都沒說，只是拉起自己的褲管，露出一雙毛毛腿，氣沖沖地對老教授說：「你猜我是誰！」

你必須具備的應對智慧

只要是人，難免都有盲點，尤其是要做到嚴格的審視自己、要求自己，更是不容易的事。

許多人勤於指責他人，卻不懂得以相同的標準要求自己，恰好就是拿著食指指向別人，卻忘了還有三根手指指著自己的人。

看得見他人缺點的人，未必能看見自己的不足。看不見自己不足的人，其實是最不幸的。

因爲對自己的缺點一無所覺，所以往往自滿，卻不知道在旁人眼中，自己已經成了只會說、不會做的傲慢自大狂。

清代文士張潮曾說：「律己，宜帶秋風；處世，宜帶春風。」

我們雖然未必能做到樣樣完美，但還是必須時常自省、自律，並提醒自己以虛心的態度謙和待人，這樣才是待人處世的最佳方式。

9.

用另類的方式
改變對方的態度

溝通，並不是一味強迫對方接受自己的想法，
也不是一味屈躬卑膝試圖改變對方自以為是的態度，
而是以恰當的方式找出彼此的折衷點。

沈住脾氣，才能輕鬆解決問題

沉住脾氣，把問題反覆思考後，再一針見血地指出來，有建設性的提出意見，你才能真正的把問題輕鬆解決。

「裝腔作勢」並非是投機取的小人才會耍的心機，有時候你我耳熟能詳的成功人士，也都曾經在關鍵時刻做出這種舉動。

「裝腔作勢」並不一定是件壞事，有時候它只是一種情緒的偽裝，幫助自己沉住脾氣，冷靜解決問題。

伊利諾州參議員梅迪爾．麥考密克的夫人相當活躍、難纏，經常代夫出征，四處進行遊說。她曾經動員芝加哥的波蘭人，到總統府去訪問，目的是讓聯邦政府對一名波蘭裔的芝加哥人，能獲得公正的司法判決。

當團員被帶進總統辦公室時，柯立芝總統仍十分嚴肅地坐在椅子上，很專注地看著一條地毯。

過了很久，柯立芝總統才抬起頭說：「這地毯真不錯！」

這群來造訪的人都禁不住笑了，他們帶著驚奇，附和地點點頭，這時，柯立芝總統又說：「這是一條新的地毯，花了不少錢呢！」

這時的辦公室，沉重的氣氛已經解除了，於是，柯立芝總統說道：「這條新的比那條舊的耐用，你們放心好了，我會幫你們找個好法官的。」

原本一場充滿火藥味的拜會行程，就在輕鬆的氣氛中結束了。

總統接待施壓團體，原來是件很嚴肅的政治活動，沒有處理好，肯定會形成僵局。但柯立芝總統卻能把氣氛變得十分輕鬆自然，使嚴肅的代表團員反而放鬆了心情，在這樣的氣氛下慢慢地引入正題，並把意見說了出來，問題也在輕鬆的氣氛中解決了。

你必須具備的應對智慧

身爲一個政治人物，任何的動作或發言，都有著一定的影響力，柯立芝總統引入正題的方法，其實並沒有什麼技巧，只是，他比別人更加細心地緩和彼此的情緒而已。不願造成爭論，也不願看見群衆的情緒激動，所以在他生活化的開場白中，同時也正在思考如何給施壓團體一個滿意的答覆。

而這也正是許多人無法解決事情的關鍵！一有事情發生，多數人只知急躁地辯駁或爭論，而不會先靜下思考解決之道。

其實，冷靜地想一想，我們是不是常常只顧著抱怨，而忘了徹底的反省呢？結果事情又處理得如何呢？想解決問題，先學一學柯立芝總統的智慧吧！沉住脾氣，把問題反覆思考後，再一針見血地指出來，有建設性地提出意見，你才能眞正的把問題輕鬆解決。

廣交朋友不如減少敵人

如果你交了許多朋友，同時也製造了許多敵人，那麼建議你，把交朋友的心思，分一些在如何避免與人為敵的思考上吧！

中國有句諺語說：「路不要走絕，話不要說死。」

的確，在社會上行走，多給自己留轉寰的空間，千萬動輒樹立敵人。萬一遇到一時難以解決的問題或是糾紛，不妨平心靜氣地化解。

只有建立和諧的人際關係，才能厚植自己的實力。

一七五四年，喬治．華盛頓上校率領著部屬駐防在亞歷山大市。

此時，正值維吉尼亞州進行議員選舉，華盛頓也投入選舉活動，支持某位候選人。但是，當地有個名叫威廉．培恩的意見領袖，卻非常不以爲然，極力反對華盛頓支持這位候選人。

有一次，華盛頓就選舉問題，與培恩展開了一場激烈的爭論，激辯中竟出現了一些極不入耳的髒話，培恩聽了火冒三丈，一拳揮過去便把華盛頓擊倒在地。正當聞訊趕來的士兵，氣憤地要爲長官報仇時，華盛頓卻阻止他們，並命令他們安靜地回營地去。

翌日，華盛頓託人帶口信給培恩，邀請他到當地的一家酒店會面。

培恩緊張地來到酒店，猜想這個約會不懷好意，恐怕會是一場惡鬥。但出乎意料之外的，迎接他的卻是一雙友善的手。

一進門，華盛頓就立刻站起來，笑容可掬地張開雙手歡迎他，並誠摯地說：「培恩先生，每個人都免不了犯錯，肯誠心認錯的人，才是眞正的英雄。昨天確實是我不對，你也已經採取行動挽回面子，如果你覺得那樣已經足夠了，現在請握住我的手，讓我們來做個朋友吧！」

這場風波就這樣平息了，而華盛頓從此也多了一個擁護者，那個人就是威廉．培恩。

你必須具備的應對智慧

阿拉伯有句諺語說：「越是面對對不起你的人，越是要寬大為懷。」

「多交一個朋友，不如少一個敵人」，一定有人覺得這句話很矛盾，但是，這卻是爲人處世的精闢之言。

如果你交了許多朋友，同時也製造了許多敵人，那麼建議你，把交朋友的心思，分一些在如何避免與人爲敵的思考上吧！

只要少了個敵人，就等於多一個朋友，畢竟，想化解彼此之間的仇恨，需要足夠的耐心和誠意。一如華盛頓的處理方法，如果你以爲他只是多了一個擁護者，那你就錯了，因爲他所贏得的榮耀與崇拜，絕對在你我想像之外。

誇大其詞可以使小人原形畢露

只要你肯花心思，活用一些技巧，攻破人性的弱點，就不會因為受制於這些小人而大傷腦筋。

法國文豪雨果在他的著作《鐵面人》中，曾經這麼譏諷地寫道：「天底下最可憐的笨蛋，是那些從來不懷疑別人可能言行不一，而對別人所說的話一味地信以為真的人。」

實話實說固然是一種美德，但是，當你急於摸清一個人的眞實樣貌，或是一件事情的眞相，單刀直入不一定有效。

這時，你就必須懂得「誇大其詞」。

法國的寓言故事作家兼詩人拉封丹，非常喜歡吃馬鈴薯。

有一天，僕人爲他端來了一個剛出爐的馬鈴薯，拉封丹卻嫌馬鈴薯太燙，於是把它先放在飯廳的壁爐上待涼，便起身去辦別的事情了。

可是，等拉封丹回來時，馬鈴薯卻不見了，他想起僕人好像曾經去過飯廳，便猜想，一定是僕人把它給吃了。

於是，他大聲地呼喊：「喔！我的天！是誰吃了我的馬鈴薯？」

「不是我。」那個僕人回答說。

「那我就放心了。」拉封丹裝出一副放心的模樣，鬆了一口氣。

「爲什麼這麼說？」僕人不解地問。

「因爲，我剛在馬鈴薯上加了毒藥啊！」

「不是眞的吧？我的天！你在上頭加了毒藥……那我不就中毒了！」僕人聽到

後十分地驚慌。

拉封丹知道偷吃的人是誰了之後，便笑著說：「放心吧！我騙你的啦！不這麼講，我怎麼有辦法知道事情的眞相呢？」

你必須具備的應對智慧

深諳心理作戰的人，總是能夠適時運用謀略，抓住人性的弱點發動攻勢，因此，不用大費周章就能輕而易舉地取勝。

人爲了掩飾自己的錯誤，或是基於保護自己的心理，常常不由自主的編造一些謊言掩飾眞相，這時就得「引蛇出洞」。想引蛇出洞，有時得「危言聳聽」，攻破人性的弱點，這是寓言詩人拉封丹對付狡詐小人的絕妙技巧。

日常生活也是如此，對於那些貌似忠厚的小人，有時候只要略施小技，也能使他們原形畢露。甚至一個轉念和方法的改變，都能讓事情的另一個面貌眞實呈現，只要你肯花心思，活用一些技巧，就不會因爲受制於這些小人而大傷腦筋。

用另類的方式改變對方的態度

溝通，並不是一味強迫對方接受自己的想法，也不是一味屈躬卑膝試圖改變對方自以為是的態度，而是以恰當的方式找出彼此的折衷點。

勵志大師麥斯威爾曾經寫道：「當你面對困境，不能逃避或繞開它們，而是必須面對它，同它打交道。」

這番話用在人際關係上，有時也會產生意想不到的效果。面對那些自以爲是、自恃甚高的人，有時一味表現出謙遜的態度，只會使自己一再受到羞辱。當你忍無可忍的時候，不妨和對方進行一場「另類的溝通方式」，如此才能改變對方的態度。

羅斯福在四十二歲時就當上了總統，而且是美國歷史上最年輕的總統。由於他是第三十二任總統富蘭克林．羅斯福的堂叔，所以人們通常尊稱他為「老羅斯福總統」。

老羅斯福在他二十三歲時，就意氣風發地當上了紐約州議會的議員，當時有許多人都鄙夷地認為他是個不學無術的貴公子，只不過是靠著身家背景才冒出頭。某天傍晚，他散步來到一家酒吧，正準備喝杯啤酒時，正巧看見一個名叫約翰．科斯特洛的資深議員，正和他的兩個老朋友喝酒。

當科斯特洛看見老羅斯福走進酒吧，便譏笑他說：「喂！乳臭未乾的小鬼，你沒得感冒吧？」

但是，羅斯福並不理會他的嘲弄，於是科斯特洛繼續高聲叫道：「你這個該死的貴公子！」

羅斯福聽到這句話後，便把眼鏡拿了下來，慢慢地走到科斯特格的面前，二話不說，一拳就把科斯特洛打倒在地，就在眾人訝異之際，羅斯福接著又是一拳，把科斯特洛的朋友也打倒在地。

另一個人看到這個情況後，只好馬上拔腿就逃。

這時，羅斯福轉身對站起身子的科斯特洛說：「你去洗把臉吧！洗完後再和我一起喝酒。」

科斯特洛只好乖乖地照辦，羅斯福在離開前對他說了一句話：「聽好，你在有身份的人面前，也要表現得像個有身份的人！」

你必須具備的應對智慧

所謂的溝通，並不是一味強迫對方接受自己的想法，也不是一味屈躬卑膝試圖改變對方自以爲是的態度，而是以恰當的方式找出彼此的折衷點，如此才不會被人看扁了。

也許羅斯福動手打人，不免讓人覺得沒有風度，也讓人感到吃驚，但是，之後的說理，卻表現出他思考的條理和有勇有謀的智慧。因爲，他打人並不是一時年少氣盛的反撲，而是一種爲自己爭取尊重的溝通方式。

在這個欺善怕惡的社會中，往往這樣迅速果斷的行動表現，才能爲自己爭取到應有的肯定與尊重。

情緒會洩露一個人的底細

在這個偽詐多變的社會中，你不僅要學會控制自己的情緒，也要看得懂別人的情緒和脾氣。

作家彌爾頓曾經說：「人和天使都不善於識別偽善，因為，偽善是包裝精美的罪惡，有時候，連上帝也會上它的當。」

然而，不論如何偽裝，情緒還是會洩漏一個人的底細。

有的人喜歡妝點自己，平日一副道貌岸然的模樣，說起話來頭頭是道，儼然是博學多聞的紳士。但是，這樣的人只要一被激怒，就會自動現形，讓別人看清他們原來的德性。

日本某家電視台，找了一百位議員來上節目，節目中由主持人發問，然後再聽取這些議員的意見。由於節目是現場直播，而且每位議員都被分隔開來，因此並不會看到彼此回答的情況。不久，主持人開始提出詢問，每一個問題都非常嚴苛，並且直涉核心。剛開始時，這些議員們都回應得不錯，但是，在主持人猛烈且毫不客氣的質問下，慢慢地有些人開始回答得亂七八糟。

這讓許多人，甚至是主持人，都對他們產生了藐視的心態。接著，主持更提出了一個敏感的問題，這時有個議員發怒了，生氣地對主持人說：「別開玩笑了，我不會再回答你的任何問題。」說完後，這個議員便氣憤地離開了，不過攝影機仍一路跟拍，還將他離開會場的情況也拍攝下來。

其實，這個節目早已設計好了陷阱，目的就是要讓對方陷入圈套。

因爲，議員們平時在議會或記者會上，只會說些冠冕堂皇而公式化的見解，很難聽到他們的眞心話，所以，爲了讓議員們能說出心裡眞正想說的話，節目的製作團隊想出了許多點子和問題，更企圖以刻薄的問題，來引爆他們的脾氣。

而這個方法也眞的奏效了，這群在議會上對答如流的議員，不只說出了平日所不會回答的問題，也眞實地表現出他們的脾氣和做事的態度。

你必須具備的應對智慧

法國哲學家尙福爾曾經說過：「在重大事件中，人們所展現的是自己最完美的一面，只有在瑣事中，他們才會暴露出本來的面貌。」

修養不夠或是能力不夠的人，其實一探便知，他們只要被別人激怒，就會原形畢露，而且往往不知道如何控制自己的情緒，是非常容易攻破心防的對手。

做人要聰明，做事要精明，在這個僞詐多變的社會中，你不僅要學會控制自己的情緒，也要看得懂別人的情緒和脾氣；能夠知己知彼，你才不會受制於人，反而能將對手操控於手掌之中。

不要活在自以為是的框框

勝海舟曾說：「乘勢而起、虛名滿天的人，一旦時過境遷便不值一提。」一時的春風得意，又有什麼好驕傲的呢？

莎士比亞曾經寫道：「聰明人變成了癡愚，是一條最容易上鉤的游魚，因為他憑恃才高學廣，看不見自己的狂妄。」

眞正聰明的人必然懂得尊重別人，因爲他們十分清楚，要是不尊重別人感受與立場，不管擁有如何高深的學識，最終只會引起別人討厭與嫌惡。

三人行必有我師，學歷高的人不一定比學歷低的人能力好，也不是年紀大的人，就一定比年紀輕的人更聰明能幹，更有辨別能力。

人應該要有相互學習的雅量，而不是侷限在自以爲是的小框框裡。

英國戲劇家蕭伯納在造訪蘇聯時，曾遇到一位很可愛的小女孩，蕭伯納非常喜歡這個小女孩，還和她玩了許久。

臨別時，蕭伯納對小女孩說：「回去後記得告訴妳媽咪，就說今天你和世界上很有名氣的蕭伯納玩了一天！」

說完，蕭伯納心裡得意地想，當小女孩知道自己是和一位名人玩耍之時，一定會驚喜萬分。

「您就是蕭伯納伯伯？」

「怎麼，難道我不像嗎？」

「是啊，可是我不懂，為什麼要告訴媽媽呢？那麼請您回去之後，也記得要告訴您的媽媽，就說今天有一位蘇聯的小女孩和你玩耍喔！」

蕭伯納聽了，驚訝得說不出話來，也立刻意識到自己太自以為是了。

蕭伯納深有所感地說：「不論你有多大的成就，都絕不能驕傲、自誇，因為每個人都應該平等相待，更要懂得謙虛和自重。那天，小女孩為我上了一堂寶貴的課程，所以她也是我的老師，一輩子我都不會忘！」

你必須具備的應對智慧

人一旦有了些微成就、地位、名氣，往往就會驕傲、自大、自以爲是，而且言行中流露出「小人得志」的惡習。

日本明治維新的元勳勝海舟曾說：「乘勢而起、虛名滿天的人，一旦時過境遷便不值一提。」一時的春風得意，又有什麼好驕傲的呢？

沒有一個人的生活會和你完全一樣，因爲彼此存在著差異，所以在思想、態度、和處事方法中，也都會有所不同。

如果能交換彼此不同的學習心得，不侷限自己，讓生活處處都有學習的機會，那麼你才不會囚在自己的世界裡，找不到自己的天空。

適時退讓可以抑制對方的鋒芒

以自嘲的方式，讓自己從尷尬中站起來，或是以卑微的態度，減少對手的敵意，這些都是「以退為進」最常用的成功方法。

作家愛默生曾經寫道：「社交場上的交際高手，通常不會直截了當說出反駁別人的字眼，而是含蓄地表達其意思。」

當眾受到別人羞辱是件非常難堪的事，但是，就算你氣得七竅生煙，也不一定能擊退對方。

這時，不妨以不同的方式解決，不用聲調高亢地加以辯駁，也不用尖酸刻薄地反唇相譏，而是適時利用退讓使自己前進，以包容的讚賞讓對手失去鋒芒，使對方不戰而敗，知難而退。

大文豪蕭伯納的新作《武裝與人》，首次公演便獲得了熱烈的回響。當觀衆在劇終要求蕭伯納上台，接受大家的祝賀時，卻突然聽見一個人對著他大喊：「蕭伯納，你的劇本糟透了，誰要看？回去吧！停演吧！」

所有觀衆都大吃一驚，許多人猜想，蕭伯納這時肯定會氣得渾身發抖，或許也會有所反駁。

但是，蕭伯納非但沒有生氣，還笑容滿面地朝向那個人，深深地一鞠躬，非常有禮貌地說：「我的朋友，你說得很好，我完全同意你的意見。但遺憾的是，我們只有兩個人，實在很難抵抗這麼多的觀衆吧？就算我和你意見相同，也無法禁止這場表演，不是嗎？」

蕭伯納說完這幾句話後，立即引來了全場如雷的掌聲；至於那位故意挑釁的傢伙，就在觀衆的掌聲中，偷偷地溜走了。

失意與挫折是每個人都沒有辦法逃避的人生考驗，如何用幽默樂觀的心態面對，無疑是相當重要的。

當現實環境不如預期，不妨發揮幽默感，許多苦惱都會雲淡風輕。

以退爲進，是待人處事的高超技巧。

有時候，我們會看見別人以自嘲的方式，讓自己從尷尬中站起來，或是反其道而行，以卑微的態度，減少對手的敵意，並讓自己有機會再次伸展，這些都是「以退爲進」最常用的成功方法。

「以退爲進」的道理很簡單，方法也很容易，只要你肯適退讓一步，你就能換得前進一步的機會。

惡言相向，不如運用反諷的力量

與其惡言相向，不如運用幽默來反諷，反而更能直指人心，讓對方得到啟發和教訓。

美國作家雷普利爾曾經這麼說：「幽默能帶來悟力和寬容，冷嘲則帶來深刻卻不友善的理解。」

大家都明白，日常生活中應該儘量用幽默來化解人際之間的摩擦，不過，幽默其實只適用於某些有涵養的人，至於那些高傲自大的小人，恐怕只配接受別人的冷嘲熱諷。

有一次，生物學家格瓦列夫在講課時，有個學生突然在台下學雞叫，並且引來了全班同學的大笑。

這時，格瓦列夫鎮定地看了看掛錶，說：「咦，是我的錶壞了吧！沒想到現在是凌晨時分哩！不過，無論如何，我很確信一件事，公雞報曉是一種低能動物的本能。」

格瓦列夫的這幾句話，當場讓這個惡作劇的學生無地自容。

據說，俄國詩人普希金年輕時，曾在彼得堡參加一個公爵的家庭舞會。當他邀請一位小姐一起跳舞時，這位小姐卻極其傲慢地說：「我才不和小孩子跳舞呢！」

普希金雖然遭到莫名的奚落，但他並未發怒，反而笑著說：「對不起！親愛的小姐，我不知道您肚子裡懷了孩子。」

普希金說完後便離開了，只留下那位紅了臉的小姐，無言以對。

一個再有能力的人，也要具備一些心機，更要懂得把心機發揮在可以勝出的地方，如果你不具備一些城府，說好聽一點的是「單純天真」，說難聽一點的就是「愚蠢無知」。

人只要具備從容處世的能力，就能輕鬆面對窘境，像格瓦列夫和普希金一樣戰勝身邊那些討厭的傢伙。

生活中的任何窘迫情況，我們都有可能碰到，不管是令人尷尬還是令人生氣的情況，與其惡言相向，不如運用幽默來反諷，反而更能直指人心，讓對方得到啓發和教訓。

不管事情發生得合理與否，我們都要學會巧妙地化解。也許用個小技巧，也許用我們學來的知識與智慧，巧妙地加以回敬，有時候反而更能達到自己的目的。

搞不清楚狀況，最好少講話

想一想：你對這件事、這個人夠了解嗎？如果答案並不肯定，那麼建議你還是先閉上嘴，留一點思考的空間給自己吧！

《戰國策》裡有句話說：「弗知而言為不智，知而不言為不忠。」

的確，什麼也不知道就亂發言，或是只知道一半就亂說話，普天之下的不智者，大都會犯這樣的錯誤。

在搞清楚狀況之前，最好還是不要亂說話，因爲在這種情況下所說的話，絕大部分只會顯露出自己的無知而已。

老王有天在街上閒逛，看到前方不遠處似乎有車禍發生，一群人正擠在一旁圍觀。他生性愛看熱鬧，連忙湊過去想看個究竟，可是人太多了，怎麼擠也擠不進去。

此時，老王忽然心生一計，站在人群後大喊：「讓開！我是死者的父親！讓我過去！讓我過去！」

只見大夥兒都一臉驚訝地望著他，並很快讓了一條路讓他過去。老王往前走了好幾步，但是眼前的景象卻讓他頓時說不出話來。

原來，奄奄一息躺在地上的是一隻豬。

你必須具備的應對智慧

老王或許覺得自己很聰明，想得出這麼一招，可以輕輕鬆鬆地就擠到人群的最前面一探究竟，卻沒想到因爲他的自作聰明，弄得自己在衆人面前出了個天大的糗！

文學家老舍曾經這麼評論：「憑著一點浮淺的所知而大發議論，和醉鬼藉著點酒力瞎嘮叨大概差不了多少。」

說出去的話就如同潑出去的水，沒有辦法再吞回肚子裡，就算事後我們後悔了、改變心意了，先前的失言還是會像火燒野草一樣，在別人眼裡形成負面效應，再也無法挽回。

有些人天生就是喜歡大發議論，也不管自己到底對這件事、這個人懂多少，嘴巴上卻說得自己好像是個專家似的。對於這種人，法國哲人孟德斯鳩曾經做了如下的評論：「思考得越少，話就越多。」

這麼直接的形容，眞可說是一針見血！因此，下次在開口說話之前，別忘記先在心裡想一想：自己眞的對這件事、這個人夠了解嗎？如果你的答案並不肯定，那麼建議你還是先閉上嘴，留一點思考的空間給自己吧！

10. 即使虛情假意，也要做得徹底

凡事只要看開了，
做事的態度自然會變得從容而冷靜，
膽量會變大，臉皮會變厚，
搞不好虛情假意的事情也做得出來。

如何瓦解敵人的心防？

面臨到輸贏的關鍵，更應該步步為營，千萬不要急著想要快速贏得勝利，而必須以冷靜審慎的態度堅持到底。

有位哲人曾說：「誰要是未雨綢繆，誰就一定吉星高照；誰要是只看到眼前的表象，誰的情況一定不妙。」

不論是在武術、圍棋、象棋，或是人生中的各種競賽，都必須懂得未雨綢繆，推演對手可能使出的招數。

千萬不要被眼前的表象迷惑，否則結局就會像以下故事中的曹爽一樣，連翻身的機會都沒有。

魏明帝去世後，大將曹爽把持朝政，行事專制獨斷，司馬懿暗中計劃要將這個眼中釘除掉，但又擔心事情洩漏反遭殺害，於是便假裝自己舊病復發，情況非常嚴重，試圖瓦解曹爽的戒心。

由於司馬懿先前曾經裝病蒙騙曹操，曹爽懷疑司馬懿又故技重施，企圖裝病欺騙自己，於是便派李勝前去觀察一番。

李勝到司馬家拜會的時候，司馬懿故意讓兩個婢女在跟前侍候自己，當婢女拿起外衣要讓他穿上時，他卻裝出一副癡呆的模樣，用手指著嘴巴，直嚷著自己口渴。

婢女於是端來一碗米粥餵他，司馬懿吃著吃著，米粥竟從嘴巴兩邊一直流到胸襟上。李勝見狀，輕蔑地說道：「外面盛傳仲達公的舊病復發，想不到竟然嚴重到如此程度。我要前去荊州赴任，特地前來辭別。」

司馬懿巍巍顫顫地舉手示意，故意把荊州說成并州，並口齒含糊地說：「你要前去并州赴任啊，并州接近胡人，你自己可要當心一點，我的生命危在旦夕，恐怕有生之年不能再相見了。我的兩個兒子司馬師和司馬昭，以後還請你多多關照。」

李勝不悅地說：「我去任職的地方是荊州，不是并州。」

司馬懿聽了，故意露出不好意思的表情說：「唉，我年紀大了，耳聾氣虛，聽不清你說的話了。」

經過一番觀察，李勝回去後對曹爽說：「司馬仲達形神已離，只是比死人多了口氣，不足爲慮。」

生性高傲的曹爽聽了這番話，便放心地將目標轉移到其他人身上，不再防備司馬懿。然而，不久之後，司馬懿突然率領部眾發動襲擊，殺得曹爽措手不及，被砍下首級。

你必須具備的應對智慧

法國思想家拉布呂耶爾曾經寫道：「如果一個人在別人眼裡，不顯得過於聰明，他就已經相當狡滑了。」

的確，沒有比外表老實、內心奸詐的人更危險，因爲，這些人專門扮豬吃老虎，所作所爲都是爲了瓦解對方的心防，然後一舉將對方擊潰。

司馬懿可說是這類人物的典型，連曹操這樣的厚黑專家都被他耍得團團轉，曹爽死得一點也不冤枉。

凡是面臨到輸贏的關鍵，更應該步步爲營，千萬不要急著想要快速贏得勝利，而必須以冷靜審愼的態度堅持到底，有時不妨像司馬懿一樣，故意表現出笨拙的模樣，使對方疏於防範，然後再一舉將他打敗。

即使自己的實力比對方高出許多，也必須步步爲營，不要一直露出勝券在握的高傲模樣，否則將會激起對方的頑強抵抗，使自己花費更多不必要力氣，這就是贏得勝利的秘訣。

我行我素，是成功的要素

加拿大作家班廷說：「人生最大的快樂是，不在於別人認為你是什麼，而是你認為自己是什麼。」

「批評」，其實往往是空洞、抽象而不牢靠的，它就像震耳的雷電，只是短短一閃，也像眩目的煙火，炸開之後隨即消逝；更重要的是，批評會見風轉舵，隨著你的成就而改變。

因此，你必須設法讓批評來適應自己，而不是委屈自己去適應批評；如果你被批評的羅網困住而終日悶悶不樂，如何能出人頭地呢？又如何能做出一番大事業呢？

日本著名的商人大倉喜八郎，早年是個遠近馳名的大奸商，趁著明治維新那段混亂時期，販賣軍火而賺了不少錢。

在中日甲午戰爭以及日俄戰爭爆發之時，大倉喜八郎承包日本政府的軍用物資生意，從中牟得相當龐大的利潤，但是，當時他所經手的生意卻幾乎毫無信用可言。

尤其在日俄戰爭時，他所販售的牛肉罐頭，裡面竟然摻加許多沙子，至於軍鞋的鞋底，更是隨隨便便用膠水黏合而成，鞋子一碰到水，鞋底就會立刻脫落，使得士兵們苦不堪言，破口大罵。

但是，大倉喜八郎對這些批評充耳不聞，獲得龐大的政經勢力奧援，奠立穩固的基礎之後，就投注大量金錢於文化事業和社會公益事業上，以致於一般人對他的惡劣觀感逐漸好轉。

加拿大作家班廷說：「人生最大的快樂是，不在於別人認為你是什麼，而是你認為自己是什麼。」

不要太過憂慮別人的批評和看法，只要朝著自認爲最好、最正確的目標向前邁進就行了；能夠達到這種「擇善固執，我行我素」的境地，人生的遠景才會更加開闊。

不論遭遇任何不愉快的事，都儘管抱著輕鬆的態度。

我行我素才是成功的要素，想要過著輕鬆自在的生活，最重要的原則就是，根本不要理會別人的看法和批評，將全部的精神集中在自己的目標，如此一來，你的人生才會更加充實美滿。

小心，有人要借你的人頭

一味唯唯諾諾依照別人指令行事的人，表面看起來似乎很安全，但事實卻不然，有時連自己的人頭被借了都還不自知。

建立蘇聯政權的革命家列寧曾說：「我們不相信有永恆不變的道德，並且要揭穿一切有關道德的騙人的鬼話。」

人的心理和行動，就像是一座冰山，我們所看到露出水面的一小部分，是由水底的一大部分支撐著。

我們很難洞察別人的心裡究竟打著什麼如意算盤，因此，當別人提供某些建議的時候必須深思熟慮，才決定採納與否。

曹操率領十七萬大軍攻打李豐，每日耗費糧食浩大，曹操想要速戰速決，無奈李豐卻緊閉城門，任憑曹軍如何叫罵，就是不出城應戰。曹操不得已，只得寫信向孫策商借糧米十萬斛應急。

曹軍包圍李豐一個多月後，眼看糧食將要用完，孫策的十萬斛借糧又在途中尚未運到，管理糧倉的倉官王垕急急忙忙前往稟報曹操說：「如今兵多糧少，應當怎麼辦？」

曹操沉吟了一下，回答說：「當今之計，也只有用小斛分發軍糧，暫時應付燃眉之急吧！」

王垕憂慮地說：「萬一兵士們埋怨起來，應該如何是好？」

曹操笑著說：「沒關係，照我的吩咐去做，到時候我自有對策。」

隨即，王垕便依照曹操的命令，以小斛分發軍糧。

不久之後，曹操暗中派人到各軍營去打聽風聲，得知士兵們怨聲載道，交相指責丞相欺騙大家。

曹操於是密召王垕前來營帳，對他說：「事到如今，我想借你身上的一樣東西來平息眾怒，你可不要吝惜才好。」

王垕狐疑地問道：「丞相想借什麼東西呢？」

曹操笑嘻嘻地說：「我想借你的人頭！」

王垕聽了大驚失色，連忙哀求說：「丞相，我一切都是照你的交代去做，並沒有犯錯啊！」

曹操歎口氣說：「唉，我也知道你沒罪，但是，如果我不殺掉你，軍心就難以穩定。你死了之後，你的妻子兒女我會妥善代為照顧，你就不必擔心掛慮了，安心上路吧！」

王垕還想再申辯，曹操卻已翻臉不認人，轉身傳喚刀斧手：「把王垕推出帳外一刀斬了！」

然後，曹操把王垕的人頭懸掛在高竿上面，並貼出告示說：「王垕故意用小斛分發糧米，從中盜竊官糧，按照軍法斬首示眾。」

眾士兵見狀，都認爲糧米的問題原來是王垕搞的鬼，丞相當機立斷將他斬首，眞是明察秋毫，怒怨開始緩解。不久，孫策派人運來十萬斛糧米，終於解決了曹操的缺糧危機。

你必須具備的應對智慧

人性作家奧斯圖達拉曾說：「人的本性就是狡猾、虛偽和言行不一。」我們不難發現，所謂的成功人士，通常不只有能力、肯努力，面對讓自己難堪的處境，也能厚著臉皮保持鎮靜。到了緊要關頭，他們也會找人頭當墊背，不惜犧牲部屬照亮自己的前途。

懂得耍奸弄詐的曹操，無疑就是箇中高手。

其實，曹操爲了應付缺糧問題，一開始就打定主意要讓王垕成爲代罪羔羊，所以才故意教他用小斛分發糧米激起眾怨，然後再陰險地借用他的人頭來平息眾怒。

像曹操這種狡詐的人，處理事情之前，早就將後續發展推演得非常周密，但是，王垕無法了解到他隱藏在內心的眞正用意，所以，才會淪爲曹操排除衆怒的犧牲品。

這個「借人頭」的典故告誡我們，一味唯唯諾諾依照別人指令行事的人，表面看起來似乎很安全，不用多費腦筋，但事實卻不然，有時連自己的人頭被借了都還不自知。

因此，人絕對不要一味唯唯諾諾聽從別人的意見，必須建立自己的行事準則和價值判斷，自己掌控局面，如此才能自由自在地發揮自己的個性，也才能爲自己開創一條康莊大道。

你敢不敢犧牲自己最寶貴的東西？

人處於弱勢的時候，為了達成某種慾望，往往會百般忍耐，並且在忍耐的過程中不惜犧牲自己的一些利益。

日本圍棋界名人阪田榮男說：「下棋時，因為急著要贏，結果反而輸了的情況相當多。」

不僅圍棋如此，商場競爭和其他比賽都是如此，倘使急著要以快速的方法來打敗別人，有時候自己會不小心露出破綻，反而很難獲得勝利。

在激烈而險惡的人生競賽中，我們應該明確知道自己想要的是什麼，然後，儘量保持沉穩冷靜，縱使必須犧牲一些眼前的利益，也必須斷然割捨。如果你一直表現得氣定神閒，對手就會開始感到迷惑，甚至心慌意亂，讓你有機可趁，這個機會或許就是扭轉大局、反敗爲勝的關鍵。

通往成功的道路並不是沒有捷徑存在，只是這個捷徑往往會讓你付出若干代價，就看你付不付得起，願不願意付！

不勇於割捨，當然難有所得，這無疑是人生最沉痛的抉擇。如果你覺得很難取捨，不妨瞧瞧武則天的手段。

做人要聰明，做事要精明

武則天十四歲的時候，由唐太宗遴選入宮中，冊封爲才人。唐太宗死後，她被迫削髮爲尼，後來，唐高宗偶然在寺中見到了她，被她的美貌吸引，於是又設法讓她還俗，召入宮中封爲昭儀。

武則天進宮之後，深受唐高宗寵幸，不久生下一個女嬰。但是，她知道自己想要攀上權力的頂峰，必須先剷除橫阻在眼前的最大障礙，那就是唐高宗的元配王皇后。

她爲了滿足本身的權力慾望，一方面百般諂媚唐高宗，一方面又曲意奉承王皇后，但私底下卻處心積慮地想扳倒王皇后，收買宮女太監暗中監控王皇后的一舉一動。

等到時機成熟後，武則天更設計出一條毒計誣陷王皇后。

唐高宗和王皇后都很喜歡武則天所生的小女嬰，常常前來探望。

有一天，武則天得知王皇后又要來看孩子，爲了製造不在場證明，便藉故外出，王皇后獨自一人逗弄孩子一會兒就擺駕離開了。誰知皇后前腳一走，武則天馬上偷偷溜回寢宮，狠心地將自己的親生女兒掐死，然後再用被子蓋上，佈置成孩子正在睡覺的模樣。

隨後，武則天刻意裝出一副嫵媚的樣子邀唐高宗前來探視女嬰。當她掀起被子，立即裝模作樣地失聲尖叫，嚎啕痛哭起來。

唐高宗趨前一看，襁褓中的小公主臉色泛青，手腳已經冰涼，不禁勃然大怒，把太監、宮女統統叫來，詢問剛才有誰來過武昭儀的寢宮。大家一口咬定只有皇后來看過孩子，武則天趁機擺出悲痛欲絕的模樣，哭哭啼啼地把平時蒐集到的皇后不當言行，加油添醋地在唐高宗面前泣訴。

唐高宗聽了更加震怒，連忙叫宮女去傳皇后前來。

王皇后到了之後，見到女嬰死狀悽慘，心中又驚又怕，卻又百口難辯。唐高宗盛怒之下，下令廢了王皇后，立武則天爲后，從此，武則天達到了她獨攬權的政治陰謀。

你必須具備的應對智慧

莎士比亞在《奧賽羅》中寫道：「要是你表面的行為會洩露你內心的活動，那麼，不久你就得掏出心來，讓烏鴉們亂啄。」

歷史上層出不窮的苦肉計之所以能輕易奏效，是因爲它往往違反人們根深柢固的觀念或價值判斷，受騙上當的人萬萬料想不到，竟然會有人爲了達到某種目的，不惜戕害自己或最親愛的人。

譬如，武則天爲了本身的權力慾望，不就利用人們「虎毒不食子」的觀念，掐死了自己的親生女兒，然後把罪名栽在王皇后身上，奪下了皇后寶位？誰料想得到她竟然會這麼心狠手辣呢？

又譬如，開創德川幕府的日本戰國英雄德川家康，爲了取得織田信長的信賴，竟不惜殺害自己的妻子，誰料想得到他會這麼絕情絕義呢？

其實，人處於弱勢的時候，爲了達成某種慾望或獲得更龐大的利益，往往會百般忍耐，並且在隱忍的過程中不惜犧牲自己的一些利益，只是不像武則天和德川家康做得這麼狠毒、絕情罷了。

只要不貪功躁進，不被看破手腳，苦肉計最後通常都能成功。

不要當搞不清楚狀況的菜鳥

希臘哲聖蘇格拉底曾說：「一個人能否有所成就，只看他是否具備自尊心與自信心這兩個條件。」

法國文豪雨果在《悲慘世界》曾經有感而發地寫道：「有許多人踏在堅實的地面上，卻還兩腳發抖，如果自己的心是平靜的，目的是正當的，即使走在搖撼不定的土地上，也應當是步伐堅定的。」

確實如此，人生最重要的事是讓自己的心境平靜。

如果我們積極鍛鍊自己的心智，時時保持冷靜而沉穩的態度面對棘手的事情與難纏的人物，就能快速洞悉隱藏在表象之下的眞實面貌。

明瞭對手與事情的本質之後，當我們進行交涉或談判的時候，就不會因爲對方故意施展的伎倆而受騙上當，也不會因爲對方的無禮舉動而被激怒，失去冷靜客觀的判斷能力。

做人要聰明，做事要精明

美國石油大王洛克斐勒的兒子小洛克斐勒，剛剛踏入商場的時候，就展現出他不同凡響的商業才華。

當時，他的第一樁任務是，前去與銀行家摩根商談出售某座油田事宜。

當他踏入摩根的辦公室，摩根露出一副鄙夷的神情，認爲他只不過是毫無商場經驗的菜鳥，故意表現出自己很忙碌的樣子，連正眼都不瞧他一眼，足足讓他枯坐了一個小時。

小洛克斐勒知道這是摩根慣用的殺價伎倆，絲毫不以爲意地悠閒坐著。

一個小時後，摩根終於抬起頭面向他，高傲地說：「聽說，你父親有一塊油田準備出售，打算賣多少？」

小洛克斐勒微微一笑，回答說：「我想，大概是您弄錯了，就我所知，是您想買這塊土地，而不是我們想賣出。」

說完，小洛克斐勒不再多說廢話，逕自推門走了出去。

摩根知道這招唬不過小洛克斐勒，最後終於依照小洛克斐勒開出的價碼，買下這塊油田，價格比老洛克斐勒預估的多出了三分之一。

你必須具備的應對智慧

希臘哲聖蘇格拉底曾說：「一個人能否有所成就，只看他是否具備自尊心與自信心這兩個條件。」

小洛克斐勒面對老狐狸摩根所展現的以靜制動，是一種高段的勝利策略，因爲日常生活中，我們不可能事事爭第一，處處佔上風，因此，更多的時候，我們要面帶善意靜候對方出招，才能從容地見招拆招，千萬不要稍有不順就心浮氣躁，自亂陣腳。

一味地板著臉孔，費盡心思去提防周遭的小人，只會把自己搞得緊張兮兮，徒然折損自己的生命。

如果，我們無可避免地必須面對身邊的小人，那麼，細心地去洞察對方的眞實意圖，然後把主控權操在自己手中，豈不是更好嗎？

學學小洛克斐勒的智慧吧！硬碰硬的應對方式，表面上看來，是爲自己出了一口怨氣，但實際上，卻容易讓自己陷入小人精心設計的迷宮中，以致於無法冷靜面對事情的演變。

即使虛情假意，也要做得徹底

凡事只要看開了，做事的態度自然會變得從容而冷靜，膽量會變大，臉皮會變厚，搞不好虛情假意的事情也做得出來。

我們常聽到有人說：「因爲我很容易臉紅，所以怕到人多的地方去。」因爲容易害羞臉紅而煩惱不已的人，其實以青春期的年輕男女居多，人一旦到了老年，閱歷豐富了，就很少會因難爲情而大傷腦筋！

爲什麼呢？這是因爲大部分的老年人，臉皮經過幾十年的磨練，已經變得厚如城牆，根本不會擔心自己出糗或是做錯事情被人責備。在他們眼中，這些根本沒有什麼大不了的，因此絕不會感到難爲情。

戰國時期著名的軍事家吳起，以愛惜士卒、肯與士卒共患難聞名。

有一次，魏文侯命令吳起統率大軍討伐秦國，吳起與士兵一起背著糧袋徒步而行，將戰馬讓給身體疲弱的士卒騎。吃飯的時候，吳起與士兵們圍坐在一起，大碗喝湯、大碗吃飯，有說有笑；睡覺的時候，吳起也與士兵們睡在一起，絲毫沒有大將軍的架子。

有一名士兵背上腫脹，生了一個斗大的毒瘡，吳起知道後，就親自用嘴將這名士兵毒瘡中的濃汁吸出來，士兵的病情終於好轉。

誰知，這名士兵的母親聞訊後，竟然放聲大哭。

鄰居大惑不解，問她說：「吳將軍爲妳兒子吸出毒汁，治好了膿瘡，妳應該高興才對，爲什麼卻痛哭失聲呢？」

這位母親回答道：「你們有所不知啊，這件事讓我想起了我的丈夫。我丈夫以前在吳將軍手下當兵，曾經長了背疽，也是吳將軍爲他吸出毒汁治好病的。我丈夫感激吳將軍之餘，打起仗來總是奮不顧身，最後戰死在沙場。我兒子一定也會對吳將軍心存感恩，恐怕性命也不會長久了。」

說完，士兵的母親又大哭了起來。

吳起率領魏軍和秦軍交戰後，連戰連勝、所向無敵，秦軍一退再退，接連被吳起攻佔了五座城池。這個背上長毒瘡的士兵，最後也如同他母親所料，因爲奮勇殺敵而步上他父親的後塵，戰死沙場。

你必須具備的應對智慧

莎士比亞說：「任何惡德的外表，也都附有若干美德的標誌。」

吳起這老兄可說是戰國時代數一數二的厚黑名人，由於擔心白白浪費時間，延誤自己出人頭地的契機，他勇於抗拒儒家的繁文縟節，寧可被逐出儒門，也不願爲母親守孝三年。後來，有人更指稱他爲了當上魯國的上將軍，而不惜殺害自己的妻子。

投效魏文侯獲得重用後，吳起平時表現出一副愛惜士卒的模樣，使得士卒甘願爲他拼死作戰，眞可謂「一將功成萬骨枯」。

他連替士兵吸膿瘡這種事情都視同家常便飯，臉皮猶如犀牛皮一般厚硬，厚黑功力已經到了顚撲不破的境界，難怪會有人要替他賣命，用屍骨替他鋪設通往成功之路。

經常在大庭廣衆面前害羞、扭捏而感到苦惱的人，最好能學習老年人的豁達，凡事只要看開了，做事的態度自然會變得從容而冷靜，不知不覺中膽量會變大，臉皮會變厚，就不再有臉紅的毛病了，搞不好連吳起這樣虛情假意的事情也做得出來。

信念就是一種神奇的魔力

丹・卡斯特曾經說過：「人類往往執意於本身所相信的事，而將思考的種子根植於想像的泥土上；你會變成什麼樣的人，端視你所栽植的種子而定。」

美國著名的心理學家威廉・詹姆斯曾經說過：「要使懷疑的事情步入成功大道，唯一的途徑就是信心。」

對於不相信神力的人來說，符咒只不過是一張普通的紙，然而對相信的人而言，即使是一張白紙，也能發揮趨吉驅邪的功效。

信念本身就是一種異常神奇的魔力，如果你對自己充滿了信心，就能產生創造性的力量。因此，一個人最好不要老是想著「自己不行了」或是「我沒有辦法」，若是你有這種負面的念頭，那麼久而久之，你便會成為自己想像中的懦弱模樣。

做人要聰明，做事要精明

美國職棒大聯盟中，有一支球隊的球運相當背，在二十場比賽中連續輸了十七場；連敗的魔咒，使得投手投球的威力銳減，球員們的打擊力變得奇差無比，而且失誤連連。

最糟糕的是，每位選手都不懂得自我反省，總是將輸球的責任歸咎於其他隊友，選手們對於比賽越來越沒信心，一開賽就認爲自己必輸無疑，心裡憧憬的不是勝利的畫面，而是不要輸得太難看。

舒萊特是一位很有聲望的牧師，常常透過禱告祝福恢復別人的自信，民眾聽完他佈道後，大都能重燃信心。有一天，該隊總教練爲了重振球隊雄風，裝模作樣地向選手們借了兩支球棒，然後對他們說：「我現在要出去找舒萊特牧師，請你們留在宿舍等我的好消息。」

過了一小時之後，總教練在外頭晃了一圈回來了，然後煞有其事地告訴球員們說：「舒萊特牧師已經對著這兩支球棒，祝福了我們的球隊，讓我們擁有不輸的神力！」

選手們聽了這個「好消息」都相當興奮。第二天出賽，這支球隊變得銳不可當，不但擊敗了強勁的對手，而且火力全開，總共擊出三十七個安打，得了二十七分。從此以後，他們每次出場比賽，士氣都非常旺盛，排名也從最後躍居爲第一名。

你必須具備的應對智慧

信心能夠使人產生積極求勝的力量，創造出一些意想不到的奇蹟。人如果對自己充滿信心，就會爆發驚人的能量，就像這支已經十七連敗的球隊，突然之間脫胎換骨一般。

這位總教練的巧妙演出，使得選手們原先患得患失的心理完全改觀，進而產生了豐沛的力量，所以終能獲得成功。

「舒萊特牧師祝福過」的球棒本身並無變化，但是選手們相信上面蘊含著神秘的力量，心中因而起了具體的變化。

丹．卡斯特曾經說過：「人類往往執意於本身所相信的事，而將思考的種子根植於想像的泥土上；種瓜得瓜，種豆得豆，你會變成什麼樣的人，端視你所栽植的種子而定。」

所以，你需要什麼，就儘管將自己的想法種植在潛意識裡，若是想要遠離失敗、挫折和貧窮，就不要在腦海中散播這類種子，必須經常播下成功、健康和富裕的念頭！

如果你經常想像一些肯定而具有建設性的事情，並且繼續保持積極的信念，那麼，你很快就會變成一個堅定而充滿自信的人。

一塊錢也比空頭支票值錢

割捨也是一種分享，失去少許的快樂，卻讓別人得到更多的快樂，用分享的心情去割捨，也許就不會那麼的斤斤計較了。

常常聽到有人說：「如果中了樂透，我分你一百萬……」，聽來義氣干雲、豪氣萬丈，眞不愧是好朋友、好兄弟啊！

只是，中樂透的機會太小，如果眞的友誼萬歲，要你把現有的財產拿出一百萬資助朋友，你願意嗎？

在一個聖誕夜裡，阿金跟著朋友到教堂做禮拜，聽了牧師的佈道後深受感動，迷上了教堂裡溫馨的氣氛，於是找到牧師，希望可以皈依基督教。

牧師怕他只是一時興起，於是設計了幾個問題來考驗他的誠意，牧師問：「如果你有兩台法拉利，你願意把其中的一台奉獻給上帝嗎？」

阿金誠心地回答說：「我願意。」

牧師接著又問他說：「如果你有兩棟別墅的話，你願不願意將其中的一棟奉獻給上帝呢？」

阿金再一次誠懇地說：「我願意。」

牧師又繼續問：「如果你有兩個女朋友，你願意把兩個之中比較漂亮的一個奉獻給上帝嗎？」

阿金想也沒想，便堅定地回答：「我願意。」

牧師嘉許地點了點頭，問了最後一個簡單的問題：「如果你有兩雙皮鞋，你願意把其中一雙奉獻給上帝嗎？」

阿金猶豫了一下，回答道：「不願意。」

牧師非常驚訝：「法拉利、別墅、女朋友，你都願意奉獻給上帝了，爲什麼區區一雙皮鞋，你卻不願意奉獻呢？」

阿金回答說：「因爲我既沒有兩台法拉利，也沒有兩棟別墅，更沒有半個女朋友，但是我卻有兩雙皮鞋。」

你必須具備的應對智慧

這個笑話說明了，對於自己所沒有的東西，人們都可以慷慨大方地許給別人，反正開出去的是空頭支票，痛也不在我身上。但是，對於自己所擁有的東西，就算是一塊錢，大多數人也都會猶豫不決、考慮再三。

因爲，一塊錢也是錢啊！而且還是「我的」錢！

割捨，從來都不是一件容易的事，得到的尚且不夠，更何況要從自己身上掏出什麼來。然而，割捨也是一種分享，失去少許的快樂，卻讓別人得到更多的快樂，用分享的心情去割捨，也許就不會那麼斤斤計較了。

11.

面對誠實的人，就用誠實的方法

人與人之間的相處，可以是君子之爭，
不必奉承阿諛，更不必費心猜疑，
才不會有相互拉扯的兩敗俱傷。

喜歡模仿，小心貽笑大方

每個人都有每個人適合的風格，最要緊的就是找到你的特色，並好好發揮，可別認不清自己的斤兩。

活在這個高度競爭的年代，做人一定要聰明，做事一定要精明。

別以爲「有樣學樣」就是成功的保證。

了解自己，明白自己的長短處，建立自己特有的風格，才能展現己的特色，這是怎麼學也學不來的。

一位年輕牧師向老牧師請教：「每次輪到我講道時，大家總是睡著，不然就是沒辦法專心聽講，到底要怎樣才能吸引教友的注意力？」

老牧師回答：「這倒不難，有個小笑話很有用。你可以說，我一生中最幸福的時光是在一個女人的懷裡度過的。」

年輕牧師聞言，吃驚地看著老牧師。

老牧師得意地說：「這樣效果不錯吧？這時大家應該已經從夢境中醒來啦！然後你就可以說，她就是我的母親。」

年輕牧師覺得這招實在不錯，於是感謝了老牧師之後就離開了。

在一次禮拜中，他見台下的教友似乎又快要集體靈魂出竅，於是決定暫停講道，並且向人們說：「各位，你們知道嗎？我一生中最幸福的時光是在一個女人的懷裡度過的。」

果不其然，大家都紛紛吃驚地望著他。正當他感到得意，打算繼續說下去時，卻猛然發現自己居然忘詞了！

於是，他只好吞吞吐吐，老實地告訴大家：「可是……唉呀，我現在卻記不起她是誰了！」

你必須具備的應對智慧

這位年輕牧師顯然不是那種信手捻來都是妙語如珠、風趣幽默的類型，跟老牧師學了這招皮毛，竟然連用都用不好，徒惹大家笑話。

如果覺得自己可以，方法值得一試，那麼按照別人的樣子依樣畫葫蘆，倒也不是不行，但是重要的是，別只知道複製成功者的「外在」，要盡可能地連精髓都學起來。

雖然我們不能確定這麼做，能不能連「成功」也一併複製，但是至少在這個過程當中，我們可以學到成功者獨到的堅持，了解他成功的原因，也算是有一番收穫了。

當然，最重要的是，不論一開始如何，最後我們都必須要設法走出一條屬於自己的道路。每個人都有每個人適合的風格，最要緊的就是找到你的特色，並好好發揮。

不是猛龍不過江，如果天生不是當西施的料，就不要總是模仿人家的一顰一笑。就像選舉，有人選前一跪，可以說是驚天地而泣鬼神的壯舉，但是後來的人再跪，不但跪掉了尊嚴，連票也一併跪掉了。

可別認不清自己的斤兩，看別人怎麼做怎麼順，就硬是要照著做，卻又不懂得好好做、好好準備，只學到他人的皮毛。最後弄得自己累了半天，不只沒有成效，還反倒貽笑大方！

懂得轉彎，才不會老是失敗

腦袋是用來思考的，如果你覺得方法不好，腦袋不妨轉個彎想辦法改變它，太過死腦筋對自己未必有好處。

假使你發現事情總是一再出問題，建議你最好還是退一步想想問題究竟出在哪，然後試試看是否有其他的方法。

不要等到白白浪費了許多時間，卻還是一事無成的時候，才在一旁後悔，或是懊惱自己的運氣怎麼這麼差！

某一天深夜，詹妮剛剛下夜班準備回家。

她低著頭在黑幽幽的巷子裡走著走著，前方突然傳來一陣腳步聲，聲音由遠而近，她抬頭一看，竟然有個男子正張大雙手向她走來。

「色狼！」詹妮又驚又怒，情急之下，只好一邊大聲喊叫，一邊抬腳朝男子的腹部踢去。

沒想到，這時候卻傳來匡啷一聲，深夜裡的這陣清脆響亮的聲音讓詹妮不禁嚇了一大跳。

接著，只聽見男子發出淒厲聲音，大聲哀嚎：「天哪！不會吧？這已經是第三塊玻璃了！」

你必須具備的應對智慧

顯然，男子先前兩塊玻璃應該也是毀在憤怒的夜歸女性手上。

不過，回過頭來想想，只要是女生，在夜晚的暗巷裡看見有男人張大雙手向自己走來，哪有人會乖乖束手就擒呢？

有句話叫「山不轉路轉，路不轉人轉」，男子先前的兩塊玻璃都因爲同樣的狀況被打破，卻還是傻傻地用同樣的方法拿著第三塊玻璃在路上走，這不是自找苦吃嗎？

別忘了，腦袋是用來思考的，可別老是呆呆地重複先前的錯誤，等著預期中的失敗結果一再發生。

華爾街有句流行警語是這麼說的：「人總是不停地淘汰過時的機器，卻忘了淘汰過時的腦袋。」

如果你覺得方法不好，腦袋不妨轉個彎，想辦法改變它。太過死腦筋只會讓你不斷重蹈覆轍，對自己來說可是一點好處都沒有的。

面對誠實的人，就用誠實的方法

人與人之間的相處，可以是君子之爭，不必奉承阿諛，更不必費心猜疑，才不會有相互拉扯的兩敗俱傷。

人常常用自己的角度衡量事物，因此犯下許多原本可以避免的錯誤。法國思想家拉羅什富科提醒我們：「各種人和事都有自己的觀察點，有的需要抵近去看，做出正確的判斷，有的則只有從遠處看，才能判斷得最好。」

人與人之間的應對模式，經常必須因人而異，面對誠實的人就用誠實的方法，面對狡詐的人就用迂迴側擊的方法。

千萬不要用錯方式，否則就很難達到功效。

美國南北戰爭打得如火如荼期間，有一天，一位女孩來到總部找林肯總統，想要求他開具一張去南方的通行證，林肯不解地問她：「現在南北方正在打仗，妳這時去南方做什麼呢？」

這女孩回答說：「回去探親。」

林肯一聽高興地說：「那妳一定是支持北派囉！請勸勸妳的親友們，希望他們能放下武器，歸降聯邦政府。」

誰知道，情況與林肯想像的完全不同。

「不！我是個支持南方的，而我要回去鼓勵他們堅持到底，絕不後退。」女孩很坦率地回答。

林肯聽了很不高興，反問她：「那麼妳來找我幹嘛呢？妳眞的以爲我會給妳開通行證嗎？」

女孩沉著地說：「總統先生，在學校讀書時，老師都會跟我們說林肯的誠實故事。從那時候開始，我便下決心要學習林肯，永遠做一個誠實的人，一輩子都不說謊。因此，我不打算爲了一張通行證，而改變自己要誠實的習慣。」

女孩的話感動了林肯：「好，我就給妳一張通行證。」

說完，林肯在一張卡片上寫了這樣一行字：「請讓這女孩通行，因爲她是一位信得過的人。」

你必須具備的應對智慧

對付小人，必須用小人的方法；對付君子，當然得用君子的方式。

在人生的旅程中，如果不懂得做人做事的方法，就如同欠缺智慧的傻瓜，做出搞錯對象、使錯方法的傻事也就不足爲奇了。

故事中，我們讀到了小女孩的勇氣和誠實，更看見林肯的氣度與包容，兩個人都是能人所不能，也都有所爲而爲。

女孩有求於人，卻不願違背自己的意志，寧可誠實說出自己的目的，這是因爲她明白林肯的爲人，所以能對症下藥，一方見效。

人與人之間的相處應當如此，可以是君子之爭，不必奉承阿諛，更不必費心猜疑，才不會有相互拉扯的兩敗俱傷。

別把時間浪費在抱怨上

遇到任何困境或難題時，不要只會抱怨、跳腳，別把時間浪費在哭泣上，快擦乾眼淚吧！

世間的小人無所不在，只不過有的小人是顯性的，有的小人是隱性的。一般而言，隱性的小人遠比顯性的小人更難提防。這是因爲，遭遇顯性的小人，我們會事事謹愼小心，深怕自己被坑被騙，但是，隱性的小人卻常常犯下「無心之過」，讓我們疏於提防之餘欲哭無淚。

不過，既然悲慘的事情都已經發生了，抱怨或哭泣都無濟於事，只要馬上採取補救行動就能扭轉局面。

托馬斯・卡萊爾是十九世紀英國的著名作家，他以《法國大革命史》和《英雄、英雄崇拜及歷史上的英雄人物》兩本著作聞名於世。

《法國大革命史》第一卷即將付印之前，托馬斯・卡萊爾答應經濟學家彌爾的要求，將原稿先借給他看一看。誰知，彌爾閱讀完之後，未經同意又把稿子借給泰拉夫人閱讀。

不幸的是，泰拉夫人翻閱之後卻沒有把稿子放好，隨意放在房間的一角，臨時有事便出門去了。

這時，正巧有一位女僕進來打掃房間，竟把它當成了廢紙，信手扔進了暖爐裡生火，珍貴的書稿一下子便化成了灰燼。

這該怎麼辦呢？托馬斯並沒有留下副本，彌爾和泰拉夫人急得不知所措，討論過後，他們只好把情況一五一十地告訴托馬斯・卡萊爾，並且請求原諒。

卡萊爾聽到這個消息後，腦袋「嗡」的一聲，半天都說不出話來，可是，面對這個無法挽回的損失，他卻沒有任何怨言，反而在心裡安慰自己：「可憐的托馬斯，你必須面對這個意外的事實。」

爲了紓解內心的焦急和苦惱，卡萊爾努力地克制自己，先是靜靜地坐下來閱讀小說，並且連續讀了好幾個星期。

面對這樣的晴天霹靂，他承受了一切，而且毅然地決心重新開始。

他開始將所有的記憶、思想和收集的史料……等等，重新思考並回憶一遍，然後從頭寫起。不管有多困難，也不管有多麼辛苦，最終他仍然戰勝了一切，完成這部歷史的世界巨著。

你必須具備的應對智慧

義大利作家普拉托里尼曾經提醒我們：「紡錘也會不準，甚至鏡子裡出現的形象也和實體不一致，教皇也會有說錯話的時候。」

既然如此，小人「不小心」犯下讓我們傷心欲絕的錯誤，也是可以理解的事，要怪只能怪自己不長眼睛，太容易信任別人。

單憑身分、地位或外貌面就輕信別人是人性的弱點之一，如果不設法加以克服，結果往往就像卡萊爾的遭遇，甚至蒙受更大的損失。

不過，卡萊爾的遭遇也給了我們正面的惕勵，那就是：「不要太傷心，只要再接再厲，事情永遠都會有補救的機會。」

別爲無法挽回的事情懊惱，你願意能給自己多少浴火重生的機會，你就會有多少成功的機會！

遇到任何困境或難題時，不要只會抱怨、跳腳，既然都知道機會不多了，就別把時間浪費在哭泣上，快擦乾眼淚吧！抓住第一時間進行挽救，到最後，成功仍然會是屬於你的。

放棄之前，再給自己一次機會

挫折與艱困，常常會讓人受不了身心的折磨而萌生放棄的念頭，只是，回想前路的辛苦，都付出那麼多了，就這麼放棄了，不是很可惜嗎？

透過觀察比較，我們可以知道，強者與弱者只有一線之隔，強者高明的地方在於永不放棄，能夠堅定不移按照自己既定的人生目標前進。

至於弱者則平時展現出一副自己很厲害、很英勇的模樣，但是遇到失敗挫折就怨天尤人，最後氣餒地放棄。

其實，只要有了奮戰到底的堅強意念，竭盡全力、用心做到最好，你也一定會和科幻小說大師凡爾納一樣，受到成功之神的眷顧。

法國著名的科幻小說家凡爾納，將他的第一部科幻小說《氣球上的五星期》的手稿，先後寄給十五家出版社後，很快地，也先後收到了十五家出版社的退稿。當時的凡爾納絕望地想：「這些出版商看不起像我這樣的無名作者，我再也不寫什麼科幻小說了！」

一氣之下，他走到壁爐邊，準備把書稿都燒了。

「不能燒呀！」妻子把手稿搶了過去，說：「凡爾納，別灰心，再試一次啊！也許機會和運氣就要來了呢！」

凡爾納聽了妻子的勸告，於是帶著稿子，毅然地來到第十六家出版社。

這家出版社的經理赫哲爾是個頗具獨到眼光的人，在他讀完凡爾納的原稿後，發現他的作品有一種與眾不同的獨特魅力，更斷定凡爾納是個很有才華的年輕作家，一定會在文壇大放異彩。於是，他決定立即出版此書，還與凡爾納簽訂了長達二十年的合約。

果然不出赫哲爾所料，《氣球上的五星期》出版後，受到廣大讀者的歡迎，而凡爾納的科幻小說從此也風行全球。從三十五歲寫了第一本科幻小說開始，直到七十七歲逝世爲止，整整四十二年，凡爾納手上的筆從未停頓過。

你必須具備的應對智慧

很多時候，阻礙我們成功的「小人」並不是別人，恰恰是我們自己，只要戰勝自己，誰都能握住成功的契機。因爲妻子的支持，鼓勵凡爾納「再試一次」，所以才能讓凡爾納抓住這第十六次的機會，並且登上科幻小說大師的崇隆地位。

挫折與艱困，常常會讓人受不了身心的折磨而萌生放棄的念頭，只是，當你細細回想前路的辛苦，都付出那麼多了，就這麼放棄了，不是很可惜嗎？

這個時候，不如換個角度想吧！與其日後抱怨，付出那麼多卻沒有得到回饋，不如繼續堅持下去，再給自己一次機會。

用心經營自己的人生

生命的價值，是在人與人之間的互動中建立，不管是待人還是對自己，都需要花費心思經營。

英國思想家柯立芝曾說：「人如果不能飛昇成為天使，那麼，毫無疑問的，他將墮落成為魔鬼。」

當不成天使，也不用淪落爲魔鬼；可以當好人，又何必當小人？無論眼前的際遇是好是壞，都不要讓自己墮落成讓人厭惡的人。

不要否定自己，也不要總是抱著同情的眼光看待不幸的人，人與人之間因爲有互動和激勵，才會有不斷進步的人生。

有個缺了一條腿的乞丐，經常坐在一家銀行的門口乞討，這家的銀行主管經過時都會朝乞丐的杯子裡投一個硬幣，但是，和別人不同的地方是，他一定都會同時拿走乞丐身旁的一支鉛筆。

有一天，他對乞丐說：「你或許會覺得奇怪，爲什麼我非得拿你的鉛筆不可？我告訴你吧！因爲我是一個商人，既然花了錢，就得拿回一件貨眞價實的東西。你要記住，我不是在拖捨你，而是在和你做買賣。」

不久之後，門口那個蜷縮的乞丐不見了，慢慢地銀行家也把他給忘了。

直到有一天，他走進一家大型文具店，赫然看見那個流浪漢，竟衣著光鮮地坐在櫃台後面工作。

「我一直期盼，有一天您能到這兒來光顧！」這位店主相當開心地對銀行家說：

「今天，我能夠在這兒工作，都是您的功勞。自從聽您說了交易的道理之後，我告訴自己，再也不要成爲依靠別人施捨的乞丐，同時開始做起鉛筆生意，而且越做越有心得。這是您給我的鼓勵，更給了我生存的自尊，徹底地改變了我的人生。」

你必須具備的應對智慧

在這個物慾橫流的社會，許多人只顧著追逐眼前的虛榮，喪失了高貴的情操、崇高的理想和豐富的觀點，變得庸俗、粗鄙、媚俗。

從這個小故事中，我們看見了這位銀行家對別人的尊重，他的小動作看似平淡無奇，但是其中意義卻是非常深刻。

生命的價值，是在人與人之間的互動中建立，不管是待人還是對自己，都需要花費心思經營。

故事中這位銀行家和乞丐之間的互動便是如此，一個給了別人肯定的尊重，一個懂得肯定自我價值，才能有創造乞丐變老闆的奇蹟。

信守承諾才能贏得敬重

牢牢記住一件小事，無形之中為自己成就了一件非凡的大事，這就是一諾千金的重要！

信口開河是小人最常見的面貌，恭維與承諾則是他們最常使用的武器，言而無信則是他們一貫的行徑。

因爲，虛情假意最能模糊別人的視聽，也最能掩飾自己的卑劣的動機，而背信忘義則是爲了保住自己的既得利益。

千萬不要成爲信口開河的小人，因爲不管在工作場合或日常生活中，週遭的人莫不觀察著你的信用。因此，不要以爲一兩次失信或黃牛對自己影響不大，殊不知，這正是你能不能贏得人心的重要關鍵。

一九四二年八月，巴頓被任命爲進攻北非的美軍部隊指揮官。

在與同盟軍將領商討作戰計劃時，巴頓費盡了唇舌建議，由於爭論激烈，習慣抽煙的巴頓，自然是一支接一支不停地抽。

很快地，他把自己帶來的煙全抽光了，沒有煙就沒有靈感和精力的他，不得不向在一起工作的海軍助理布徹中校借煙。

起初，布徹很客氣地送了幾支煙給巴頓，可是巴頓的煙癮實在太大了，一下子就把布徹珍藏的大哈瓦那雪茄，也全部抽光了。

臨別時，巴頓懷著感激之情，對布徹說：「謝謝你的雪茄，我回到華盛頓後，會立刻送還給你的。」

布徹聽了只是笑一笑，因爲他認爲，巴頓應該只是隨口說說而已，根本沒把它放在心上。

然而，就在半個月之後，布徹竟然收到巴頓寄來的一大批雪茄。原來，巴頓一回到美國，就立即訂購了一大批雪茄，並叮囑要立即寄送給布徹中校。

布徹收到煙後，內心十分感動，他根本沒有想到，巴頓在百忙之中，居然還會記得這件事。

事後，布徹特意對艾森豪將軍報告說：「巴頓是個可以信賴的人。」

你必須具備的應對智慧

在我們的生活週遭，之所以會有那麼多不守信諾的小人，原因就在於他們渴望獲得某些利益，或是恐懼失去某些賴以維生的屏障，因此才會不擇手段地想要透過說謊的方式欺騙別人或是討好別人。

但是，這些欠缺信用的小人忘了，現實生活中吃了一次暗虧，上當過一次之後，人就會變得謹慎，小心翼翼地提防這些唬人弄人的伎倆，不會輕易聽信這些言不由衷的話語。

當然，有時候，我們會因爲忙碌、遺忘或覺得答應的是不重要的小事，沒能兌現自己的承諾，但是經常忽略這些小事，久而久之，在別人的評斷標準中，我們就成了沒有信用的人。

巴頓將軍牢牢記住一件小事，無形之中爲自己成就了一件非凡的大事，這就是一諾千金的重要！

故事裡的巴頓，能記住對朋友的一個小承諾，所以只要是他所允諾的事，大部份人也都會相信他都能遵守，這說明了一個能言而有信的人，必定能得到別人的信賴與尊重。

千萬要記住，信用就是人際關係的通行證。

Be Human
by Wisdom

Thick Black Theory is a philosophical treatise written by Li Zongwu,
a disgruntled politician and scholar born at the end of Qing dynasty.
It was published in China in 1911, the year of the Xinhai revolution,
when the Qing dynasty was overthrown.

活學活用

先洞悉對方心理，才能提昇成功機率

人性擒拿術

說話辦事篇

俄國作家克雷洛夫在提及說話辦事的技巧時，
曾經幽默地說：

「語言就像是一把剃刀，最鋒利的剃刀會幫你把臉刮得最乾淨，不過，你必須做到靈活地運用這把剃刀。」

說話辦事之時，萬一遇到難纏的對象，一定要先掌握人性的弱點，靈活運用迂迴戰術自己找出突破口，千萬不要一味強調自己的立場，試圖講道理、擺事實說服對方，否則只會讓對方產生逆反心理，導致雙方相持不下。

能不能掌握人性的弱點，看穿對方的心理，往往就是交涉溝通能否順利的最重要關鍵。

Thick Black Theory is a philosophical treatise written by Li Zongwu,
a disgruntled politician and scholar born at the end of Qing dynasty.
It was published in China in 1911, the year of the Xinhai revolution,
when the Qing dynasty was overthrown.

王照 編著

智謀經典

24

做人要聰明，做事要精明

作　　者　金澤南
社　　長　陳維都
藝術總監　黃聖文
編輯總監　王　凌
出 版 者　普天出版家族有限公司
新北市汐止區忠二街 6 巷 15 號
TEL / (02) 26435033 (代表號)
FAX / (02) 26486465
E-mail：asia.books@msa.hinet.net
http://www.popu.com.tw/
郵政劃撥 19091443 陳維都帳戶
總 經 銷　旭昇圖書有限公司
新北市中和區中山路二段 352 號 2F
TEL / (02) 22451480 (代表號)
FAX / (02) 22451479
E-mail：s1686688@ms31.hinet.net
法律顧問　西華律師事務所・黃憲男律師
電腦排版　巨新電腦排版有限公司
印製裝訂　久裕印刷事業有限公司
出 版 日　2020 (民 109) 年 4 月第 1 版
ISBN◉978-986-389-715-6　　條碼 9789863897156

國家圖書館出版品預行編目資料

做人要聰明，做事要精明／
金澤南著.—第 1 版.—：新北市,普天出版
民 109.04 面；公分. - (智謀經典；24)
ISBN◉978-986-389-715-6 (平裝)